한반도 열차,
시베리아 대륙횡단
철의 실크로드의
길을 찾아서

한반도 열차,
시베리아 대륙횡단
철의 실크로드의 길을 찾아서

펴 낸 날 2022년 02월 23일

지 은 이 왕정환
펴 낸 이 이기성
편집팀장 이윤숙
기획편집 서해주, 윤가영, 이지희
표지디자인 서해주
책임마케팅 강보현, 김성욱
펴 낸 곳 도서출판 생각나눔
출판등록 제 2018-000288호
주   소 서울 잔다리로7안길 22, 태성빌딩 3층
전   화 02-325-5100
팩   스 02-325-5101
홈페이지 www.생각나눔.kr
이 메 일 bookmain@think-book.com

• 책값은 표지 뒷면에 표기되어 있습니다.
  ISBN 979-11-7048-361-8 (03300)

왕정환 지음

한반도 열차,
시베리아 대륙횡단
철의 실크로드의
길을 찾아서

세계 곳곳을 누비며
하나 된 한반도 속에서
물류 허브 국가를 꿈꾸며!

생각나눔

머리말

한반도 열차가 대륙을 횡단하는 것은 한반도만 위하는 것이 아니라 주변 국가와 함께 합승하여 인류 사회에 기여하는 것이다.

현대 과학의 발전 속에서 세계 물류 운송은 증가하고 관광 인구는 팽창하고 있지만, 하늘과 바다를 이용하는 운송은 하늘을 통한 항공 운송과 바다를 이용하는 컨테이너 운반선에 그쳐, 철도 운송으로 넘어가는 한계를 극복하지 못하고 있다. 구 소련이 붕괴된 후 국가 간 우주 경쟁에서 민간에 이전되어 우주 관광 시대로 바뀌어 가고 있지만, 철도를 통한 세계 물류 운송과 여행은 아직도 다른 물류 운송 수단에 비해 비중이 현저하게 낮다고 생각된다.

이는 유럽 철도와 동아시아 철도 연결이 지연되고 있는 이유이며, 한반도가 분단을 극복하지 못하고 한반도 철도가 섬에 갇혀서 머무르고 서성이고 있기 때문이다.

오늘날 물류 운송은 국가의 경제를 수송하는 것으로 핵심적 가치로 역할이 중요하게 대두되었다. 그러나 세계 주요 국가의 항구는 물류 운송이 넘쳐나 포화상태로, 적체 현상이 심화되고 쌓여가고 있다. 이것을 풀어나갈 철도 운송이 트인다면 물류 경쟁을 좌우하게 되고, 물류 운송에서 혁신이 일어날 것으로 생각된다. 그리고 수에즈 운하에서 발생한 컨테이너 운반선의 좌초 사건은 물류 운송에서 대혼란을 야기시켰을 뿐 아니라 미래 물류 운송에 대한 심각한 경고 메시지가 담겨있는 좌초 사건 의미로 당사국들이 얼마나 받아들이게 될지 인류 사회가 지켜보며 평가하는 시간이 곧 당도하게 될 것이란 추정을 가능하게 만들었다.

국가에 물류를 배송하는 시스템을 갖춰져서 타 국가 물류 운송을 주도하고 있겠지만, 이제 더 이상 북한을 기대하고 기다리기보다, 우리 스스로 기술을 통해 한반도 열차를 달려 살아가는 역량이 필요하다.

2021년 10월 21일 고흥 나로호 발사대에서 누리호를 쏘아 올려 우주의 꿈을 키워가고 있다면 부산역에서 출발할 수 있는 한반도 열차를 통해 새로운 물류 운송 시스템으로 달려나가야 물류 운송을 선도하고, 물류 허브 국가의 꿈을 구현할 수 있을 것이다.

현대 기술의 비약적인 발전에도 불구하고 북한 때문에 한반도 열차의 앞길을 더 이상 늦춰서는 안 된다는 생각은 이미 수년 전에 구상해놓고 러시아 광궤 문제를 해결하기 위해 최근까지 기다려야만 했다. 다행히 철도 연구소에서 궤간가변대차를 개발하여 한반도 열차가 러시아 철도를 달릴 수 있는 해결책을 제시함에 따라 한반도 열차와 러시아 열차가 주도하여 세계 철도를 이끌어야 한다는 바람을 담았다.

따라서 부산역에서 출발하는 한반도 열차는 운송 효율을 고려하여 러시아 광궤와 표준 광궤를 선택적으로 결정하여 유럽 지역과 중앙아시아 지역을 구분하여 달릴 수 있는 역할에 따라 세계 각 국가에 물류가 신속하게 배송되고, 국가이익에 보탬이 되도록 기대하는 염원이다.

한편, 통일 운동에 대한 개념 정의는 동학농민 운동은 실패했던 게 아니라, 민주화의 과정까지 반은 성공하였으나 반은 실패하였던 농민은 자력으로 외세를 몰아내려고 노력했다는 점이다.

그러나 조선 정부는 어리석은 판단에 따라 내각이 오염되고 변이된 관료에 의해 병들어 갔던 것이다.

동학운동 전 조선 사회는 동학교조의 삼례, 보은에서 신원교

조운동을 통해 의식구조 개혁과 계몽운동에 눈을 뜨면서 전국
적으로 확대되었던 것이다. 그리고 사회 전반에 깔려있었던 병
폐적 부조리와 사회적 차별을 없애는 개혁을 하고자 했다. 당시
조선 관료사회는 조정뿐 아니라 지방관리 하부 구조까지 부패
되어 조선 정부의 경영 능력이 상실된 것으로 추정해야 됐다.

　따라서 통일에 대한 개념정의는 동학사상의 농민운동, 3·1 만
세운동, 독립선언서, 상해 임시정부, 최재형 선생, 김대중 대통
령 등 선조들의 독립운동 정신을 인용하였으며, 이를 바탕으로
선조들이 한반도와 세계 곳곳을 누비며 독립운동을 하였던 정
신을 계승·발전시켜 미래 하나 된 한반도 대문을 열어야 한다
는 희망을 담았다.

Contents

1.

황소 2,000마리가 북으로 간 이유

✒ 1998년 6월, 서산 농장에서 소를 싣고 출발했던 트럭들이 꼬리에 꼬리를 물고 자유로를 달려서 판문점에 도착하는 모습이 새벽 방송을 통해 전 세계에 타전됐다.

이 모습은 붉은 태양이 동해의 바다를 가르고 솟구쳐서 한반도를 비춰주는 것처럼, 당시 실향민들에게 한 줄기 빛으로 다가왔기 때문이다. 이는 53년의 기다림 끝에 맞이한 한반도 숙원을 극복하려고 노력하였던 정주영 명예회장이 있었기에 가능했다.

또한, 미래의 한반도를 열어가고자 여러 차례 평양을 오가며 새로운 남북 관계를 모색하여 다양하게 협력 사업을 이끌어 내었다. 정부보다 먼저 남북 관계를 구상하였던 점을 기획하여 실천하고 남북 관계 물꼬를 트는 계기를 마련했다.

이렇듯 H그룹 정주영 명예회장께서 오랜 고민과 창의적인 상상을 동원하여 고민하고, 기업가적 열정과 판단을 통해 통일 운동을 최초로 결정했다고 판단해야 할 것이다.

이는 분단이라는 비극을 극복하기 위해 기업이 정부보다 앞서 남북 관계 개선에 나섰던 것으로, 반세기가 넘도록 분단된 한반도를 방치하였던 흔적을 고민하였던 부분에서 직접 민주주의와 동시에 김일성 주석과 면담을 통해 금강산 관광 의정서를 체결하였지만 그릇된 정치적 상황 속에서 10여 년 세월을 기다려 국민의 정부와 함께 남북 협력 사업을 추진하여 성과를 낼 수 있었던 것이다. 이것은 기업인 최초로 정주영 명예회장, 정몽헌 회장께서 평양을 오가며 추진하였던 남북 협력 사업은 한반도 평화에 크게 기여하였고, 통일 운동의 시작으로 판단해야 옳을 것이다.

따라서 이를 분석하여 기업 측면에서 관계 개선이 이루어지도록 정부가 기업을 지원하고 안전장치를 마련하여, 기업이 정부와 함께 접근하는 방법으로 남북 관계의 창조적인 역할을 기대하는 것이다.

왜냐하면, 금강산 폐쇄 이후 나타났던 남북 관계의 전후와 후유증을 파악하여 분단의 비극을 극복하려는 흔적은 나타나지 않고 한반도에 불어 닥친 평화의 위기는 북한의 보복으로 의심

되는 천안함 피폭과 연평도 폭격의 이유를 명확히 분석하는 것이 타당할 것이다.

과거 유신 독재와 신군부는 반공과 멸공을 내세워 국민을 기만하고 권력 유지를 했으나, 정몽헌 회장은 이를 역사의 뒤안길로 밀어낸 문민정부를 거쳐, 수평적 정권 교체를 이룩한 국민의 정부와 함께 체육 교류, 문화 교류, 이산가족 상봉 등 남북 협력 사업을 위해 금강산 관광과 개성 공단을 개척하였다. 이런 H그룹 정몽헌 회장은 반세기 분단을 극복하고 뛰어넘는 특수한 사정을 제쳐놓고 남북 관계를 흠집 내려는 기득권 세력의 정치 공세와 이에 동조해온 검찰의 압박 조사를 받던 중 2003년 8월 4일 계동 사옥에서 투신하였다.

그리고 이후 등장한 비토 세력의 득세는 곧바로 여당 세력으로 둔갑하여 엄중한 한반도 미래를 내다보지 않고 남북 협력 사업을 하나하나 허물어 깨트렸던 것이다.

이는 일제강점기 시대에 독립을 방해하였던 부역자들에 의해서 밀고되어 조사받고, 검찰에 기소당하였던 많은 애국 열사들이 형무소에서 형장의 이슬로 사라지게 만들었던 부분과 같고, 한반도 독립을 방해하였던 매국 행위였다.

이처럼 과거 역사에 나타났던 행태가 한반도 분단을 극복하기 위한 행위가 아니라, 통일을 방해하는 부역자 역할이 개인이 아니라 정부가 나서서 전 정부가 이룩해놓은 남북 협력 사업을 깨부수는 행위는 매국 행위이다. 이완용이 일본에 나라를 팔아서 식민화됐다면, 이산가족 상봉을 끊고 금강산 관광을 폐쇄한 것은 남북 교류와 협력 사업을 하지 못하게 하여 분단을 영구하려는 발상이 아니면 상상할 수 없는 선택을 한 것이다.

마치 독립운동을 방해하였던 부역자들처럼 통일을 방해하려는 부역자 역할이 쌍둥이처럼 일맥상통하게 재발하여 한반도 운명을 기가 막히게 바꾸어 예측할 수 없는 사지로 내몰아 남북 관계가 원점으로 돌아갔다. 이 사실은 한반도의 무한한 가능성과 잠재성을 송두리째 삼켜버리게 만든 것으로 추정할 수밖에 없게 됐다.

이에 따라 남북 관계는 더 이상 발전하지 못하고 한반도에 다시 긴장이 고조되면서, 천안함이 피폭되고 연평도가 폭격되어 남북 관계는 살얼음판을 걸으며 새로운 길을 찾기가 쉽지 않게 되었다. 이미 북한 당국은 핵무기를 완성해놓은 상태에서 한반도 비핵화 문제를 계속해서 추진한다는 것은 비현실적으로 판단할 수밖에 없기 때문이다.

열정으로 한반도 미래를 설계하고 디자인하여 독립운동을 한 것처럼, 다양한 독립운동 정신이 계승되고 발전되어 통일 운동으로 나타나도록 배려할 필요가 있다. 그것은 유연한 법이 태동하거나 보안법을 비틀어서 해외 교포들이 한반도를 자유롭게 드나들어 이산가족 상봉이 빠르게 이루어지도록 족쇄를 풀어야 할 부분이다.

여기서 다시 독립운동 정신을 언급하는 것은 남북이 수용 가능한 남북 교류와 협력, 배려의 정신을 통일 운동으로 계승하여 발전시키는 가치로써 바탕이 되기 때문이다.

예컨대 독립운동사에서 현격한 업적을 남겨놓았던 최재형 선생께서 독립운동의 씨앗을 다양하게 뿌리고 활동하였던 점이다. 그중에서 블라디보스토크에서 1차 대전 후 철수하는 체코 군단의 무기를 구입하여 만주까지 옮겨갔던 독립의 씨앗은 독립운동사에 빛나는 1919년 6월 봉오동 전투와 10월 청산리 전투에서 무장 투쟁하여 독립운동의 싹이 활짝 피어난 요소가 됐다.

이처럼 소중한 독립운동 정신은 상해 임시정부를 구심점으로 해서 한반도 전역에 독립운동의 씨앗을 뿌렸고, 러시아, 상해, 미주 한인회 등 해외 교포들의 성금과 기업가들의 자금이 독립운동의 씨앗으로 크게 작용했던 것이다.

이 같은 배경에는 상해 임시 정부에 의해서 치밀하고 정밀하게 기획되어 독립운동의 씨앗으로 용도에 따라 뿌리고, 그 씨앗을 트이게 하려는 설계와 디자인 속에서 독립운동이 실행되었다.

이는 우리 스스로 독립운동 꽃을 피우려던 흔적이 넘쳐나게 남아있다는 점이다. 다시 언급하지만, 최재형 선생께서 기업가로 모은 재산을 독립운동의 씨앗으로 뿌렸는데, 그 역할이 한반도를 넘어 러시아, 상해, 만주 등 광범위하게 실천하였던 흔적을 기억해야 할 것이다. 따라서 기업가 정신의 빠른 결단과 판단으로 미래를 내다보는 안목에서 결정하고 실천하면서 독립운동의 다양한 씨앗을 뿌리고 싹이 트이게 한 소중한 역사를 성찰하여야 할 부분이다.

여기서 독립운동의 역사를 소환하였던 이유로서 통일 운동의 기본이 되어가는 근본을 찾고자 했던 것이다. 그리고 '통일 운동의 근본은 무엇일까?'라는 의문점에서 찾게 된 것은 남북의 소통과 교류 속에서 통일 운동의 씨앗으로 작용할 것이며, 협력 사업을 통해서 서로 배려한다면 싹이 트이고 성장하는 밑바탕이 될 것이다. 우리가 이것을 소중하게 잘 가꾸려면 잡초도 제거하고, 비가 내리지 않으면 물을 길어다 뿌려서 한반도 정원을 잘 가꾸어가는 것이 통일 운동의 기본 요소가 될 것이란 확신을 갖게 되었다.

따라서 정주영 명예회장과 정몽헌 회장은 50년 넘게 분단된 남북 관계를 극복하고자, 기업인 최초로 김일성 주석과 의정서를 체결했던 것도 한반도 미래를 위해, 창의적으로 구상해왔던 장기적인 통일 운동의 일환으로 금강산 관광과 개성 공단을 선택하였던 것으로 당시 한반도 전쟁 위기설을 넘어 평화적 해결책의 열쇠가 됐다.

그러면서 정부는 민간사업을 더욱 뒷받침하고 한반도 평화를 구현하기 위해 최초로 남북 정상회담을 평양에서 6·15 공동 선언문을 만들어 냈던 것이다. 이 때문에 남북한 신뢰가 구축되면서 한반도 위기설은 수그러지고, 금강산 관광 지역 확대와 개성 공단이 확대되면서 김정일 국방위원장의 자신감으로 6자 회담을 통해 핵 문제도 해결하였던 부분이다.

이같이 확실한 명분을 가지고 한반도 미래를 위해서 소 떼를 몰고 북으로 올라갔지만, 정치를 한다는 정치인들은 무엇을 하고 있는지 되돌아 성찰하여야 할 부분이다. 왜냐하면, 분단이후 정치 흔적에서 남북 정상회담을 가졌던 김대중, 노무현, 문재인 대통령과 기업인 정주영 명예회장, 정몽헌 회장의 남북 관계 개선의 흔적만 있을 뿐이다. 더구나 북한 당국이 영변 원자로 냉각 탑을 폭파한 지 한 달 만에 금강산 관광을 폐쇄함으로 신뢰를 무너트렸다.

특히 북한의 핵 개발을 핑계로 모든 남북 관계를 절단하여 민족의 분단을 견고하게 만들고 동질성 회복을 막는 요소가 되었으며, 기업인이 통일 운동을 할 수 없게 만들었다. 이제 북한이 핵을 보유하고 있는 한 우리 스스로 남북 관계를 개선하기 위한 선택이 어렵게 되었다. 그렇다고 북한의 탓만 내세우고 팽개쳐 버릴 수 없는 일이다. 왜냐하면, 북한의 핵과 무관하게 관계를 개선하기 위한 노력이 따라야 한반도 분단을 극복할 수 있는 새로운 흐름을 찾을 수 있기 때문이다.

따라서 북한의 핵을 단계적으로 누그러트려가며 인정하면서 남북 관계가 점차 개선되도록 노력하여 북한 핵을 안정적으로 관리하는 것이 한반도 평화가 정착이 되고 번영하는 새로운 길을 찾아 나서야 할 것이다.

2.
너희는 통일을 논의하지 마라

📌 유신 체제의 몰락은 민주정치의 씨앗이 채 뿌려지기도 전에 태동하였던 1979년 12월 12일 하극상을 벌인 후 군사 반란을 일으켜 육군 참모총장을 연행하여 군권을 장악하고 국가 권력을 탈취하고자 이듬해 5월 17일 계엄령을 확대하고 정부 권력을 탈취하고자 언론마저 통제하며 역할을 취했던 것이다. 이에 항의한 5·18 민주화 운동을 특전사까지 동원하여 강경 진압하였던 신군부의 야심을 드러낸 것으로 많은 희생자를 만들어 낸 바탕으로 전두환은 11대 대통령이 됐다.

1980년 서울의 봄은 이렇게 신군부에 의해서 농락되었던 민주화 운동은 구석으로 내몰리며 위기를 맞게 됐다. 그러나 대학생들을 중심으로 끊임없는 민주화 운동은 6월 항쟁에서 최루

탄을 맞고 쓰러진 이한열 열사와 박종철 열사 죽음에 분노하여 사무실 넥타이 부대가 합세하여 민주화를 외치며 시가행진을 이끌어서 6·29 선언을 만들었다고 판단됐다.

그럼에도 민주 세력은 단일화를 이루어내지 못하고 다시 신군부에 권력을 내주었고, 변이된 민주 세력은 신군부 세력과 3당 합당을 통해 군사 정부를 종식시키는 문민정부를 들어서게 했다.

이 과정을 모를 리 없었던 북한의 김일성 주석은 김영삼 대통령과 정상회담이 약속되었지만 본인 스스로 죽음을 예견하지 못한 채 1994년 7월 4일 갑작스럽게 사망하게 됐다.

그 정권을 승계한 이후 김정일 국방위원장은 상해를 방문하여 중국 정부와 접촉하여 신의주 특구의 개혁 개방에 협조를 요청하였으나 중국 정부가 반대하였다. 김일성 주석의 사망을 계기로 김정일 국방위원장은 새로운 돌파구를 찾기 위한 용기 낸 선택이었지만, 중국 정부와 부딪친 경험에서 적지 않는 외교적 손실을 잃게 된 것이다.

여기서 김정일 국방위원장은 상당한 충격을 받고, 의욕적으로 추진하였던 개혁 개방정책이 처음부터 반대에 부딪히자 핵 개발 카드를 꺼내 들었을 가능성을 배제할 수 없게 되었던 것이다.

왜냐하면, 1993년 핵 확산 금지조약을 탈퇴하면서 김일성 주석이 핵 개발을 추진하여 한반도에 전쟁 위기설이 계속되고, 지미 카터 전 대통령이 1994년 6월에 평양을 방문하였던 것이다. 이 때문에 그해 10월 제네바에서 핵 개발 포기와 경수로 제공의 기본 합의서를 체결할 수 있었기 때문에 전쟁 위기설을 지연시키며 핵 개발을 한시적으로 보류하게 되었던 부분이다.

한편 국민의 정부 지원 속에 H그룹 정주영 명예회장은 평양을 넘나들며 미래 한반도에 대한 깊은 고민의 시간을 낭비할 시간도 없었다. 정 명예회장의 판단과 결단이 남북 당국의 징검다리가 놓인 배경으로 판단된다. 따라서 김대중 대통령이 2000년 6월 13일 평양을 방문하여 6·15 정상회담을 통해 합의문을 공동으로 발표할 수 있었다. 이 때문에 이산가족 상봉, 금강산 관광의 협력 사업을 빠르게 진척시켜서 성과를 냈고, 노무현 정부에서 금강산 관광 확대와 개성공단을 확대하며 남북 관계가 안정적으로 관리되면서 서울에서 가까운 38선이 평화의 존으로 만들어진 역사적 사건이 됐다.

하지만 금강산 관광 도중에 박왕자 씨의 피격 사건을 언급해야만 하는 이유는, 55년 만의 분단된 한반도의 절박한 마음을 소통과 교류 및 협력 사업을 통해 한반도 동맥을 이었고, 8천만 허리에 평화의 벨트를 채웠던 것이다. 그리고 도도하게 흘러가던 한반도 비핵화 물결을 역류시켜 핵 개발로 전환시키게 만든 사건이 되었다. 오판의 결정으로 인하여 벌어진 천안함 피폭과 연평도 폭격으로 이어졌다는 점이다. 즉, 남북 관계는 휴전 관계로써 제대로 관리가 안 된다면 언제든지 한반도 젊은이들 목숨을 빼앗아가는 충격적인 위험이 도사리고 있으면서 돌발사고가 발생하여 목숨을 잃어갔던 슬픈 과거사를 거울삼아 미래세대에 안전이 담보되어야 할 부분이다. 이러한 위험 요소를 깊이 있게 고민하지 못하고 박왕자 씨의 우발적인 사고를 마치 대형 사고인 양 침소봉대하여 저급한 판단과 성급한 결정을 선택함으로써 금강산 관광과 이산가족 상봉을 무 자르듯 폐쇄시켰던 결과는 북한 당국의 핵 개발을 부추겨 실행하게 하였고, 잔혹한 직격 보복은 천안함 피폭과 연평도 폭격으로 나타난 것이다. 따라서 산업 현장에서 각종 대형 사고가 발생하는 사고라할지라도, 면허를 회수하거나 폐쇄하지 않는다. 더구나 남북 관계의 협력 사업의 안전장치를 마련할 때까지 관광객 숫자를 줄여가며 북한 당국을 압박할 수 있었는데, 고민한 흔적도 없이즉각적인 폐쇄는 한반도에서 민족적 비극을 극복하려는 생각이전혀 없었기 때문이다. 또 감정적인 발언이나 성급한 결정이 부메랑으로 돌아와 우리 젊은 군인들의 목숨을 위협하고 빼앗아갔던 부분이다. 특히 개성공단까지 2016년 2월 북한의 개성 공단 근로자들이 임금 명목으로 자금을 대량 살상무기에 전용되고 있다고 보고 개성 공단을 폐쇄하였던 것이다. 중소기업 중앙회 국제 통상부 과장은 갑작스러운 폐쇄가 됐다고 했다.

이명박 정부에서 금강산 관광 폐쇄와 박근혜 정부의 개성 공단 폐쇄는 기나긴 한반도 터널을 파들어 가기 전에 터널 입구를 폐쇄하여 한반도 터널을 뚫지 말자는 행위로써 남북이 다시 평행선을 달리게 만들었다.

이는 전 정부가 이루어 놓은 남북 협력 사업을 계승하고 발전시켜야 함에도 불구하고 하나하나 지워가는 제로섬 게임처럼 되어간다면 한반도 통일은 오지 않을 것이 분명하다.

이러한 금강산 관광 폐쇄 후에 감행된 핵 개발은 2개월 만에 영변 핵 봉인을 해제하면서 가속되고 빠르게 추진되었다.

따라서 교류와 협력 사업이 중단되고 있지만, 지금부터라도 한반도 분단이 더 악화되지 않도록 관리되고 남북 관계 개선을 위한 방법을 찾아야 할 것이며, 분단의 비극을 극복하려는 노력이 따라야 될 것이다. 또 한반도에서 젊은 생명들이 총부리를 겨누지 않도록 남북 당국자들이 밑그림을 그려야 종전이 선언되고, 한반도의 젊은 생명을 구할 수 있는 바탕이 구조적으로 완성될 것이다. 그리고 한반도 위기를 스스로 좌초하지 말고 귀중한 젊은 생명들과 안전을 온전하게 지켜낼 수 있는 영웅 리더

십이 출현하길 바란다. 일제 강점기에 강제로 합병되고 강대국 논리대로 한반도 허리가 허접하게 풀어진 허리 벨트를 자주적이고 주체적으로 판단하여 간결하게 죄이어 한민족이 인류와 함께 달려나갈 수 있는 진정한 영웅을 원하고 탄생을 간절히 기다리는 희망이 됐다.

3.
남북 철도의 연결 과제

✒ 남북 철도의 연결은 분단에 따른 끊어진 한반도 동맥을 수술을 통해서 철도와 도로를 연결해가면서 남북 신뢰 구축이 우선시 되고, 일제 강점기 수탈철도 노선을 버리고 한반도 지형에 맞게 철도 노선을 갖추는 게 새로운 민족적 꿈이 됐다.

철도와 도로가 연결된다는 것은 같은 민족으로 다 함께 호흡하면서 대륙으로 공동 진출하여 중국과도 철도 연결이 가능할 수 있다는 의미이다. 하지만 북한 당국은 개방과 경제특구, 경제개발 등 다양한 옵션을 선택할 수 있는 강력한 헤게모니를 갖고 있지만, 새롭게 나가야 할 방향과 사용할 방법을 제대로 고민하지 못하고 북한 권력이 누수되지 못하게 방수하여 북한 주민을 통제 수단으로 심화시키는 부분이다. 이는 북한 주민을 위한 정치 형태가 아니라 오로지 북한 당국의 상위 권력에 충성 경쟁 구조로 잘 짜인 지배 체제이다. 인간이 태어나 삶을 영위하며 환경 변화에 따라 변화되는 인간성의 맛은 냄새도 맡을 수 없고, 마치 선과 악으로 구분된 것 같은 지배 계층과 피지배 계층의 2원 구조를 맞은 공산 권력 환경 속에서 개인의 인권은 사라지고 있는 실증적인 과정의 사례를 통해, 공산 독재 정권 스스로 입증시키고 있는 것이다.

따라서 공산 독재 정권 권력을 흠모하거나 추종하는 자가 나타나서 국민의 인권을 짓밟고 국가가 탄생하게 되는 것이다. 이 때문에 '북한은 이미 개발된 핵을 포기할 수 있을까?'라는 의문에서 미국과 핵 협상에 임한다면 북한 당국이 절대적으로 핵을 포기할 수 없는 유혹일 것이다. 참으로 분단의 비극을 극복하기 어려운 민족적 과제를 풀어 가면서 철도가 연결되어 간다면 어떠한 결과를 초래할 것인가 하는 의문점을 갖고 남북 문제를 심도 있게 논의되어야 할 것이다.

왜냐하면, 남북 관계의 특수성에 비추어 성립된 남북 교류와 협력 사업이 여야의 논의 없이 청와대 밀실에서 저급하게 판단하여 선택하고, 폐쇄된 금강산 관광과 개성공단 폐쇄를 만들어 내어 한반도 평화를 위협했던 경험을 통해서 북한의 핵 개발이 추진되었기 때문이다.

한반도 분단의 일상은 항상 위험이 도사리고 있었지만, 남북 협력 사업과 금강산 관광을 통해서 그 위험을 낮추고 신뢰의 기반을 쌓아가면서 미래의 한반도의 꿈을 그렸지만, 그 기회마저 차단하여 없애버리는 어리석은 리더십은 한반도 신뢰에 보탬으로 투영되기보다는 미래의 한반도가 나가는 데 걸림돌의 역할로 충분하였고, 한반도 바둑에서 무리수를 두어 바둑판을 어지럽게 흩트려놓아 그 누구도 형세를 복기하지 못하게 만들어 버렸다는 판단이 한민족의 아픈 가슴을 후려 파게 됐다.

김대중 정부를 통해서 반백 년 동안 내려왔던 대결 구도의 남북 관계에서 새로운 남북 소통과 교류와 협력을 이끌어낸 H그룹 정몽헌 회장을 죽음으로 몰아넣었으며, 박지원 비서 실장을 형무소로 보내는 역할이 됐다. 그리고 금강산 폐쇄에 따른 평화 존이 사라지고 수많은 실향민의 면회 상봉이 중단되어 연세 든 분들이 안타까운 여행을 떠나고 있는 것이다. 이 때문에 한반도 분단의 민족적 비극을 치유하기 위한 노력은 하나 된 한반도가 될 때까지 크고 작은 사고가 반복적으로 나타날 것이다. 통일은 아니더라도 남북이 서로 협력하면서 예기치 않은 사고 때마다 남북 협력 사업을 폐기하는 악순환이 계속된다면 미래의 한반도가 희망을 찾을 수 없게 될 것이다.

이는 남북 협력 사업에서 대륙으로 진출하기 위해서 매우 중요한 현안이 되었지만, 정부가 바뀔 때마다 대북 정책이 계승되지 못하고 있다. 사고를 가장한 채 다시 폐쇄할 수밖에 없는 정부가 탄생하는 것은 우리 민족에게 불행을 치유할 수 없게 만드는 것이다.

따라서 이제부터라도 한반도 미래 세대를 위해서 어떠한 돌발 사고가 발생한다 할지라도 국회 차원에서 정보가 공유되고 남북의 국민을 위하는 마음으로 공정성이 담보되어야 남북 협력 사업이 지속 가능하도록 발전된다. 남북 철도가 연결되고 남북이 공동으로 대륙을 향해 질주하여 나가는 지혜로운 의식구조를 절실하게 요구하게 됐다.

그리고 과거 경험에서 금강산 관광과 이산가족 상봉은 조금씩 신뢰가 쌓여가면서 개성공단 협력 확대를 통해서 문화유적을 공동으로 탐사하였다. 민족의 동질성이 회복될 기미가 있었으나 갑작스러운 금강산 폐쇄와 개성공단 폐쇄는 남북 관계의 모든 신뢰가 깨지고 이질감을 부추겨서 통일의 씨앗마저 뭉개버리는 결과를 초래했던 것이다.

이는 다시 한반도를 분단의 원점으로 되돌린 사건으로 어렵게 시작한 남북 관계를 핵이 없는 상태보다 심각하게 생각하지 않을 수 없게 됐다. 이 때문에 처음부터 시작하는 마음으로 되돌아가서 북한 핵 제재가 포함되지 않는 부분에서부터 다양하게 추진되어 남북 관계의 욕구가 상호 만족스럽게 전개되어 스윙하도록 올바른 방향을 설정하자는 의미이며, 타 국가에 하소연하여 비핵화 지지를 얻어내도록 노력해야 되겠지만 UN 제재를 풀어나갈 수 있는 방법이 아니란 점이다.

이 때문에 H그룹 고 정주영 명예회장께서 시작했던 흔적에서, 스스로 문제 해결점을 찾는 기업가 측면에서 북한에 들어갈 수 있도록 정부가 새로운 길을 파악하고 지원하여 보다 창의적인 방법이 모색되어야 할 것이다.

이는 남북 관계가 열렸다고 모든 것을 정부가 통제하고 폐쇄해버리는 고전적인 방법보다는 기업의 주체성과 자율적인 판단에 의해서 정부와 협력하는 제3자가 바라보는 관점에서 남북 관계가 개선되기를 바라는 염원을 담았다.

그리고 기업 측면에서 북한 지역에 투자가 이루어지고 북한 주민에 필요한 필수품, 공산품 등 북한 주민 삶에 보탬이 된다면 기업 가치는 배가 될 것이다. 아주 소소하지만 정부 당국의 지원 속에서 작은 것부터 시작하여 기업 자율성에 기대한다면 한반도 공장은 생기를 찾아 돌아갈 것이며, 조금이라도 북한 주민이 잘살아간다면 민족의 기쁨이고 한반도가 행복해지는 것이다.

왜냐하면, 김정은 위원장도 북한 국민을 잘살게 하고자 하는 의지가 강하기 때문에 핵은 포기하지 않더라도 북한 주민에 필요한 공산품에서부터 희망을 찾아야 할 숙제를 해야 한다.

따라서 북한과 미국의 핵 협상을 맡겨두고 우리는 소통과 교류를 찾아가면서 UN 제재가 필요 없는 부분에서부터 협력 사업을 준비하고 징검다리를 하나둘 놓아가는 노력이 필요한 것이다.

이렇듯 한 번 뒤틀린 남북 관계를 새롭게 만들어 가는 과정이 힘들게 되었지만, 국민의 정부가 남북 협력 사업을 추진하면서 북한군 당국과 총격전을 벌였던 연평 1차와 2차의 해전에도 불구하고 일관되게 추진하여 남북 협력 사업을 성공적으로 이끌어냈던 경험을 상기하여 반면교사로 삼아야 할 것이다.

이는 정부가 판단한 결정과 선택에 따라 남북 관계가 좋아지고 망가지면서 실향민을 고문시켜 왔으며, 민족적 비극을 극복하려는 핵심가치인 남북 교류와 협력의 바탕이 사라졌다. 다시 구 냉전 체제로 회귀하여 한민족 미래 세대에게 그 멍에를 전가시켜 가는 것보다 남북한이 상호조화 속에 협력하여 발전되어 가는 모습을 찾아야 할 것이다.

그리고 북한 당국이 핵을 폐기하면서 핵 협상에 임할 수 있다면 금상첨화가 되겠지만, 그 반대를 생각하지 않을 수 없게 됐다. 왜냐하면, 한반도 열차는 오랜 한반도의 꿈인 대륙횡단의 꿈을 실현해야 하기 때문이다.

예컨대 기존의 복잡한 도로를 건드리지 않고 우회 도로를 건설하여 도시를 우회하는 방법처럼 북한 지역을 배로 우회하여 대륙횡단 철의 실크로드 길을 찾는 방법이다.

이같이 분단으로 인해 한반도 열차가 북한의 족쇄가 되어 발목이 잡혀서 더 이상 지체되어서는 안 된다는 판단에서 구상하였던 것이다.

이미 수십 년 전에 상상하였던 것으로 대륙횡단의 꿈을 구현하기 위해서 새로운 변화를 선택해야 할 시기가 왔기 때문이다. 경부고속철도역사를 양재역 지하에 건설하자고 철도청에 제안했던 경험에서 살펴본다면 2호선과 연결되고 성남분당선과 수요층을 예측했던 제안은 빗나가고 경부선 고속철도 설계 단계에서부터 비틀어서 수서역사로 정하였으니 고마운 일 아니겠는가 하는 생각이 들었다. 왜냐하면, 그 당시 상상하고 구상하였던 아이템을 이제야 꺼내어 대륙횡단의 꿈을 글로 표현할 수 있다는 것은 참 고마운 일이라는 생각이 들었기 때문이다.

하마터면 한반도 열차의 꿈이 동해바다에서 잠수 되어 나오지 못할 줄로 생각했으나 시베리아 횡단의 꿈을 접지 않고 포기하지 않는 상상을 계속해왔다는 점에서 행복한 구상이 되었다.

따라서 한반도 열차의 숙제는 남북 철도의 연결 과정이 핵심이 되겠지만, 시간을 갖고 풀어야 할 문제이지 뚝딱뚝딱 해결되어야 할 문제가 아니란 점이다.

2008년 7월 금강산 관광 폐쇄 후 중단된 이산가족 상봉은 한반도 분단 앞에는 장사 없다고 먼 여행을 떠나는 실향민들을 생각하면 마음이 조급해진다. 하루빨리 남북한 철도를 연결될 수 있다면 한반도 열차를 통해 세계를 구경시켜주는 것이 하나의 꿈이 되었고, 실향민들에게 조그마한 위로와 응원을 보내기 위한 희망을 갖게 됐다.

따라서 한반도 열차가 달려갈 수 있는 시간이 필요하고, 세월의 시간을 멈추어서 하나 된 한반도를 열어준다면 당신은 한반도 영웅신이 되어 미래 세대의 무한한 가능성과 잠재성을 확장시켜주는 주체성과 창조성을 기대하게 만드는 요소가 될 것이다.

4.

북한의 핵 개발과 남북 교류

✒ 1994년 7월 8일 김일성 주석의 사망은 한반도에 새로운 바람을 일어나게 하고 있었다. 북한 권력을 갑작스럽게 승계한 김정일 국방위원장은 김일성 주석이 펼쳐 놓은 핵 확산 조약을 탈퇴하면서 촉발되었던 한반도 전쟁 위기설 등 핵 문제와 관련, 미국 전 대통령 카터가 1994년 6월 평양을 방문하였을 때 한반도 위기를 극복하고자 했던 것이다. 이 때문에 그해 10월 제네바에서 핵 개발 포기와 경수로 제공 등의 내용을 담아 합의한 것으로 핵 개발을 잠재적으로 보류한 것이다.

이는 북한의 핵 개발을 중단시켰을 뿐 아니라, 남북 관계에도 경수로 회담을 통해 끊임없이 소통할 수 있는 창구가 마련된 것으로, 한반도 전쟁 위기설을 극복하고 안정을 찾는 데 적지 않은 역할을 기여했다고 생각된다.

이후 북한에 경수로를 지원하기 위한 한반도 에너지 기구가 설립되고, 1995년 12월 북한과 경수로 공급 협정을 체결한 후에, 1996년 3월 한국 전력이 주 계약자로 선정되었다.

그 후 김정일 위원장은 중국 정부 초청으로 상해를 방문하여 산업 사찰을 하게 됐다. 당시 북한으로서는 새로운 돌파구를 찾아야 했던 것으로 신의주 특구를 들고나와 중국 정부에 협조를 구했으나, 중국 정부가 거절하였다. 그리고 다시 민간 기업을 찾아 나섰으나 중국 정부가 반대하므로 좌절되었던 경험을 상기해야 됐다.

이후에 H그룹 정주영 명예회장은 평양을 방문하여 금강산 관광과 개성공단 및 신의주 특구를 조율하며, 막바지 진통을 겪기도 하면서 북한 당국에 의해 금강산 관광과 개성공단의 결정을 통보받는 것으로 유추해야 할 것이다.

이미 정주영 명예회장은 1989년 1월 당시 기업인 최초로 평양을 방문하여 김일성 주석과 면담이 이루어졌다. 그리고 성사된 김일성 주석과 금강산 관광 산업의 의정서가 체결되었지만, 남북 관계 긴장이 고조되면서 협력 사업이 잠정적으로 중단되었다. 하지만 1998년 2월 김대중 정부가 출범하면서 대북 정책에 탄력을 받는 정경 분리와 햇볕 정책을 표방해왔던 국민의 정부와 함께 한반도 평화 구축으로 새로운 대북 협력 사업의 금강산 관광과 개성공단 개발을 확인한 것이다.

그리고 정주영 명예회장은 통일 소를 서산 농장에서부터 출발하여 자유로를 거치고 새벽에 판문점에 도착할 때까지 언론에 집중적으로 조명을 받으며 세계에 타진되었다. 특히 1998년 6월 16일은 남북 분단 이후 정부 관리와 동행하지 않고 기업인 최초, 그리고 민간인 최초로 통일 소 떼를 몰고 육로를 통해 평양 방문길에 올랐던 것은 한반도 분단 역사에서 최초의 통일 운동으로 분명하게 평가되어야 할 것이다.

이후 정 명예회장은 북한을 넘나들며 금강산 관광 및 개성공단의 민간 교류의 성과를 바탕으로 스포츠, 문화 예술 교류에 이어 남북 이산가족 상봉 등 획기적이며 한반도 평화 정착에 결정적으로 이끌어냈던 부분을 충분히 하게 됐다.

한편으로 1999년 12월 경수로 공급을 위한 주 계약이 체결되고, 이듬해 2월 주 계약이 발표되어 2001년 9월 북한 당국이 건설 허가증을 발급하게 됨에 따라 경수로 건설 공사가 빠르게 추진되어 대한민국에서 원자재와 인력 공급을 받게 된 것이다.

하지만 2002년 고농축 우라늄 프로그램 의혹이 제기되며 2003년 8월 6자 회담이 성과 없이 끝남으로 그해 12월 1일부터 1년간 경수로 중단 발표를 했다. 그리고 2004년 12월 1일부터 다시 1년간 연장을 하였지만, 북한 당국은 2005년 5월 1

일 영변 원자로 5MW 폐연료봉 8천 개를 인출했다고 발표하였고, 2006년 5월 31일 경수로 사업 종료 결정을 하게 되었다.

그리고 북한은 같은 해 10월 9일 제1차 핵 실험을 실시한 후 이듬해 2007년 2월 13일 6자 회담에서 영변 원자로 폐쇄 및 불능화에 합의한 것이다. 이후 진행된 7월 15일 영변 원자로를 폐쇄한 다음, 10월 13일 6자 회담에서는 모든 핵 시설 불능화 및 프로그램 신고에 합의하였다.

이 같은 배경에는 정주영 명예회장이 닦아 놓은 금강산 관광과 개성공단 협력 사업을 개척하며 이끈, 김대중 정부의 1차 남북 정상회담에 이어 노무현 정부의 2차 남북 정상회담이 상호 신뢰가 구축되어 새로운 남북 관계가 성립되었던 것이며, 감정적인 형태보다 협력을 바탕으로 한반도 평화의 길을 찾았던 평가로 판단해야 옳을 것이다.

이후 2008년 2월 이명박 정부가 들어서면서, 그해 6월 17일 북한은 영변 원자로 냉각 탑마저 폭파시킴으로, 이명박 정부에게 신뢰를 쌓아가며 남북 관계를 지속적으로 발전시키자는 메시지를 보냈던 것이다.

그러나 애석하게 금강산 관광 도중 돌발한 박왕자 씨의 피살 사건은 한반도 평화의 물줄기를 다시 북한의 핵 개발로 바꾸어 거슬러 올라가게 만든 것이다. 금강산 관광을 중단시킴으로 냉각 탑 폭파 3개월 만에 북한 영변 원자로 봉인을 해제하고 2009년 5월 25일 제2차 핵 실험을 실시한 것이다.

이로써 정주영 명예회장이 남북한 평화와 한반도 공동 번영을 위해 공들였던 세월을 밀어내게 만든 것이다. 그리고 나타난 북한의 보복은 한반도 긴장을 고조시켰으며, 2009년 11월 3일 사용 후 폐연료봉 8,000개를 재처리했다고 선언한 것이다.

그러면서 계속된 제3차 핵 실험이 2013년 2월에 실시되었고, 2013년 4월 영변 원자로 재가동을 발표한 것이다.

이는 북한 당국이 독자적으로 핵 개발을 추진하면서 가속도를 낼 수 있도록 내부 환경을 갖추었던 것이다.

그 후 북한은 끊임없는 탄도 미사일 발사를 하면서 2016년 1월 6일 첫 수소탄 실험이 성공적으로 진행됐다고 중앙TV를 통해 발표하였다. 이러한 북한의 핵 개발의 무리수는 이스라엘, 파키스탄, 인도, 남수단 등 핵 확산 금지 조약을 탈퇴한 국가와 일맥상통하나, 6자 회담을 통해서 한반도 비핵화가 꾸준히 제기되었던 점을 상기해야 할 것이다.

따라서 그들 국가와 비교하기보다는 어떠한 방법으로 핵보유국으로 인정하면서, 한반도 평화와 안정 속에 관리되고 남북 소통과 교류가 가능하도록, 확인하는 절차의 과정이 핵심이 될 부분이다.

그리고 한반도 남북 협력 사업이 구체적으로 평화와 공동 번영으로 흘러가다가 이명박 정부의 감정적인 태도의 대처 능력이 엉뚱한 핵 개발을 촉발했다. 또 과거를 돌이켜 살펴보고 냉정하게 분석하여, 미래를 향한 남북 협력 사업이 순차적으로 추진되고 한반도에 분단을 극복하여 평화가 정착되어야 할 것이다.

5.
정무적 판단

✍ 광복 후에 나타난 신탁통치는 사회적 혼란을 야기하며 반탁 운동은 전국적으로 확대되어 그칠 줄 모르고 심화되고 있었다.

이 같은 사회 혼란 중에 김구 선생은 안두희에 의해서 암살되었지만, 친일 세력을 척결하지 못했던 이승만 정부는 부정부패와 부정선거로 인해 4·19 학생의거를 촉발시켰으며 5·16 군사쿠데타를 거쳐 유신 독재 정부는 1979년 12월 12일 사태를 일기로 역사에 사라졌다.

하지만 신군부가 하극상을 벌이고 국가 권력을 장악하는 과정에서 광주 민주화 운동을 군홧발로 제압하고 정부를 탈취한 것이다. 이때부터 검찰은 권력의 시녀가 된 것이다.

이후 6월 항쟁과 6·29 선언은 대통령 직선제를 쟁취하였지만, 권위주의 권력은 여전하였고 검찰 조직은 막강한 힘을 갖고 있었다. 이때부터 정부와 공생을 가졌던 검찰 조직으로 김영삼 말기 불어닥친 북한의 핵 개발에 한반도 전쟁 위기설과 IMF 구제 금융을 받게 된 것이다.

그리고 김대중 대통령 출발은 대외적으로 어려움을 갖고 시작했으나 구조 조정과 구제금융을 받고 남북 협력 사업을 통해 위기를 극복하였다. 또 노무현 대통령의 출발은 서민 대통령으로 검찰과 대화를 통해 좀 더 유연한 검찰 조직을 만들려고 했으나 강력한 반발 속에 실패하게 됐다.

하지만 금강산 관광 확대와 개성공단이 안정적으로 관리되면서 평화 기반이 조성됐다. 더구나 6자 회담을 통해서 북한 영변의 핵 프로그램이 불능화 조치로 합의되었던 것이다.

그러나 이명박 정부는 금강산 관광 도중 돌발적인 총기 사고로 박왕자 씨가 사망하므로 금강산 관광을 폐쇄하였다.

현대와 감정이 얼마나 커서 그러한 결정을 내렸는지, 정주영 명예회장과 이명박 회장 시절 당시 무슨 일이 있었는지 X파일이 공개되어야 할 것이다. 왜냐하면, 금강산 폐쇄 결정으로 천안함이 피폭되고 연평도가 폭격되어 많은 젊은이가 영문도 모르고 죽어갔기 때문에 진실을 밝혀야 하는 것이다.

그래야 대통령의 정무적 판단이 옳았는지 그릇되었는지 분석하여 명확한 평가가 필요하게 됐다.

그리고 이 결정의 정무적 판단이 검찰에 의해서 이루어져야 함에도 검찰은 내사조차 없이 건너간 것은 검찰 조직이 정부와 공생해가며 정부를 보호하고 특권 조직으로 인정받아가면서 공생관계를 암묵적으로 인정한 사실을 드러냈던 부분이 됐다.

이렇듯 우리 사회가 민주화 과정을 겪으면서 다원화되었고, 사회 각 분야 리더들의 정무적 판단은 중요하게 되었다. 대통령만이 정무적 판단을 하는 게 아니라 대한민국 국토에서 일하는 현장 책임자들은 정무적 책임 따르는 것이다.

이 같은 대표적 사건이 세월호 침몰 참사이다. 진도 앞바다 맹골수도에서 급격한 변경에 의해서 침몰됐다. 이 사고는 청해진 해운의 세월호 선장 이준석 선장의 정무적 판단 능력이 많은 생명을 구할 수 있는 골든타임을 놓치게 만들었고, 생사의 갈림길로 가름됐다. 그리고 갑판장을 비롯한 선원들의 정무적 판단 능력이 없었기 때문에 대형 참사로 확대되는 원인이 되었던 것으로 추정하여 판단하게 됐다. 그리고 해경의 상황실에서 냉정한 분석에 따라 신속하게 구조가 이루어지도록 정무적 판단이 이루어져야 했다. 또 정부 상황실은 대통령 비서실까지 보고되는 전 과정이 정무적 판단에 따라 선택하고 결정하는 것으로, 우리 사회에 크고 작은 정무적 판단에 따라 그때그때 사고가 수습되거나 악화되어 종료되는 것이다.

따라서 정무적 판단은 조직에서부터 광범위하게 밀접 되어 있으며, 기업이 노동자들의 안전을 위한 정무적 판단이 이루어져, 사회 전반에 확산시키는 계기를 마련하여 구현할 수 있도록 하고, 정부는 이를 뒷받침하는 보다 안전하고 공정한 사회로 갈 수 있는 정무적 판단이 요구된다.

6.
검찰의 정무적 판단

✐ 6·25 사변 이후 한반도 허리 38선에서 발생한 군사적 충돌은 판문점 공동 경비 구역에서 1976년 8월 18일 작업을 감독하던 미군 2명을 도끼로 살해한 사건으로 남북 관계가 긴장이 고조되어 한반도 위기설이 이때 처음 등장했다.

1976년 당시 박정희 정부는 유신 체제를 더욱 강하게 구축하여 장기 집권의 포석을 깔았고, 북한에서는 김정일이 후계자로 등장하여 주체 사상을 강화하였다. 남북한 긴장은 1973년 김대중 납치 사건을 구실로 남북 대화가 중단되고 악화 일로 치닫고 긴장이 고조되어있었다.

1970년대 중반 북한이 파서 내려온 1차, 2차, 3차 남침용 땅굴이 연달아 발견되면서 발생한 1976년 도끼 만행 사건은 남침용 땅굴이 드러나자, 시선을 다른 데로 돌리려는 계획된 도끼 만행 사건으로 치고 빠지는 작전으로 판단된다. 특히 도끼 만행 사건으로 촉발된 한반도 전쟁설이 파다해지자 김일성이 사과문을 연합군 측에 전달하면서 도끼 만행 사건은 매듭지어졌다. 이후 38선에는 군사적 충돌은 없었지만, 여전히 대치 상태로 긴장하며 한반도 젊은 군인들은 목숨을 담보로 아슬아슬한 전쟁놀이가 이어지고 있다.

과거 해방 후 38선으로 한반도 허리가 두 개로 절단되면서 북측은 공산 진영으로, 남측은 미국정부의 신탁통치로 어수선한 분위기 속에서 김구 선생은 평양을 넘나들며 하나 된 한반도를 만들기 위해 미·소가 그어놓은 38선을 우리 민족 자력으로 보기 좋게 걷어보고자 간절하게 설득하는 결의를 보여주었지만, 친일 세력과 결탁한 세력들이 안두희를 내세워 1949년 6월 경고장을 보내고 김구 선생을 암살하였던 비통한 경험을 갖고 있다. 그 당시 김구 선생은 친일 세력 척결과 신탁통치 반대를 통해서 하나 된 한반도 국가 건설이 이상적으로 판단했을 것이다. 왜냐하면, 선생께서는 상해 임시 정부에 참여하면서부터, 초창기 국내외 난립하였던 임시정부를 통폐합하였던 경험과 26년의 임시정부 관료와 주석으로 겪었던 행정의 달인으로, 하나 된 한반도에 자신감으로 임했던 것으로 생각했기 때문이다.

이러한 역사 속에서 안두희는 어느 보호막 속에서 살아왔지만, 끈질긴 추적은 피할 수 없어 애국 청년에 의해 살해됐다.

여기서 언급하는 남북 협력 사업이 송두리째 뒤집혀 폐쇄하였는데, 정부 고위층의 결정이 어쩌면 한반도 통일을 방해하는 부역 행위였음에도, 검찰은 내사하지 않거나 암묵적으로 동조하지 않았는지 의심되는 부분이다.

예컨대 일제 강점기 때는 독립운동을 한 사람들은 일본 검찰에 기소당하면서 형무소에 갔지만, 독립운동 밀고자나 친일 세력들은 일본 순사와 검찰의 보호를 받으며 안전이 보장되었던 역사적 사실을 검찰이 성찰하여 남북 관계에서만큼 새로운 가이드라인을 만들고 미래 한반도를 찾아내는 모습을 기대하는 가치로 충족시켜주어야 할 것이다.

이는 일본 정부의 충실한 시녀가 되어 따랐던 검찰처럼 닮아왔던 것을 의미하며, 정부 역할 속에서 경찰과 검찰 조직은 공생하며 존재해 왔던 흔적을 부인할 수 없을 것이다. 과거 강점기 때는 한반도 독립이 지상 과제였다면, 오늘날 하나 된 한반도가 지상 명제가 당연한 것이다. 남북이 서로 체제를 인정하면서 감정을 상하지 않게 하여 분단의 비극을 극복하는 것이 한반도 미래이기 때문이다.

따라서 검찰 스스로 정무적 판단에 의해서 정부를 감찰하고 감시해야 함에도 불구하고, 국민의 검찰로 태어나기보다는 안정된 정부 검찰로 남아있었던 것이다. 이러한 검찰이 정부에 순응해져 익숙해지는 태도는 오랜 관행에서 비롯된 것으로, 중앙지검, 대검, 검찰총장, 법 장관으로 연결되는 조직의 선후배 관계로서, 정부와 검찰 조직이 오랫동안 공생 관계로 유지되어왔던 뿌리 깊은 나무가 뽑히지 않았기 때문이다. 이 과정에서 정부 고위 관료 비리나 부패를 눈 가리고 아웅 하는 식의 사건은 폐 처리가 관습이 되어 지속되어 왔던 부분이다.

이처럼 조직은 친분 있는 동료끼리 정보를 공유해 가며 울타리를 만들어서 법을 가두고 권력을 지향하며 정부 불법을 보호해 주고 친분 있는 자들의 보호막을 쳐가며 특권에 특혜를 더해 왔던 점이다. 이 때문에 중앙지검, 검총장, 법장관의 법투리 리그가 되어 새로운 검찰의 상상력을 높이게 되었지만, 아직도 특권 관행의 원심력으로 나타나고 있는 것이다. 왜냐하면, 검찰 스스로 법꾸라지가 되었을 뿐 아니라 주변 식구들 울타리까지 쳐가며 법꾸라지로 감싸 안으며 특권층 조직으로 누려왔다. 그 조직을 보호하려는 동료의식 문화가 발동되고 있는지 성찰하여 검찰 조직의 정무적 판단이 충분하게 작동하는지 점검되는 시간이 필요하게 됐다. 그리고 2007년 BBK특검에서 대한민국 국민을 속이는 역대급 사기극을 연출했던 경험에서 추탐하고 새로운 법투리를 생산하며 특권이 강화됐다.

이러한 특검을 통해 이명박 시절 BBK 주인은 본인이라고 주장했던 부분을 뒤엎고 BBK특검에서 주인이 아니라는 새로운 가설을 만들어 면죄부를 주어 대국민 특검 사기극을 저지르며 대통령 만들기에 적극적으로 가담했다.

이는 권력을 쟁취하기 위하여 수단과 방법을 가리지 않으므로 일제 강점기 독립을 방해하였던 부역자들의 밀고보다 정부가 통일을 방해하는 부역 행위가 자행되어도 검찰과 공생하여 특권에 특권을 더하여 대형 부조리가 묻혀가게 되고, 한반도 미래를 내다보지 못하고 뒷전으로 밀어내면서 영구 분단을 합리화시켜 갔는지 의심을 갖지 않을 수 없게 됐다. 만일 금강산 관광을 폐쇄할 당시 국민의 검찰로, 청와대 수석 비서관 회의와 NSC 회의 등 정부의 폐쇄 결정이 적법한 절차에 의해서 결정되었는지, 국민에게 소상하게 밝혀져서 알려야 했던 부분이다. 만일 검찰이 정무적 판단을 안 하고 방기했다면, 검찰은 오로지 한반도 미래보다는 정부와 공생 관계를 통해 검찰 조직의 특권을 유지하고 더 강화되어갔을 것이다. 왜냐하면, 갑작스러운 개성공단 폐쇄 결정은 한반도 평화지대를 명분 없이 스스로 걷어찼던 선택으로, 한반도 미래를 고려하지 못한 생각으로 평화 공존 지역을 제거하여 다시 신냉전체제를 구축하려던 발상이 아니면 선택할 수 없는 정무적 판단이 작용했던 것으로 치부할 수밖에 없을 것이다.

따라서 분단의 민족적 비극을 극복하려는 노력보다는 시대 흐름에 역행하며 부작용을 초래하여 우리 젊은 군인들의 목숨을 앗아가게 만들었던 원인 분석을 통해 냉정하게 결과가 평가되어야 할 것이다. 이 때문에 금강산 폐쇄 과정에서 올바른 정무적 판단이 이루어졌다면 우리 젊은이들의 목숨을 구하고 개성공단의 폐쇄 결정을 막아내면서 중소기업을 살리고 평화지대가 보존되었을 것이며, 남북 관계가 험악하게 악화되지 않고 평화지대가 유지될 수 있으면서 소통할 수 있는 창구가 과거 경수로 경험을 통해 경험하였다.

이는 북한의 관리 능력을 키워가면서 미래 한반도 사회에 대응할 수 있는 의식구조를 갖추어 상호 남북 관계가 상생할 수 있는 한반도 고스톱에서 1타 5피를 잃어버리게 만든 것으로 하나 된 한반도의 여정을 위한 동력이 상실하게 되었다.

하지만 검찰 조직은 남북 협력 사업의 중요성에 비해서 정무적 판단을 내리지 못하였던 부분을 성찰하여 대한민국의 검찰로 우뚝 서야만 태양이 모든 사람에게 균등하게 비치듯이 법이 모든 사람에게 평등하게 비쳐 적용받을 수 있게 된다. 미래 한반도를 위한다면 바람직한 정무적 판단과 사점을 통해 정부의 잘못된 관행을 혁파할 수 있는 검찰의 공정한 정무적 판단이 절실하게 필요하게 됐다. 이는 분단의 특수성을 감안하여 미래 하나 된 한반도를 위하여 유연하고 탄력적으로 남북 관계가 지속 가능하도록 준비하고 만들어 가자는 의미이다. 따라서 일제 강점기 일본 순사와 검찰들 속에서 죽음을 두려워하지 않고 독립운동을 하였던 선조들의 독립정신을 계승하여 통일 운동으로 승화되고 녹아내는 올바른 남북관계를 선택하여 한반도 대문의 열쇠를 다 함께 갖고 달려갈 수 있는 뜻이다.

7.
연평해전 1차, 2차

    ✒ 북한 어선 20척과 함께 1999년 6월 6
일~6월 15일 사이 북한 경비정 4척이 북방 한계선 남쪽으로
2km 해역까지 내려왔다 올라갔다를 반복하며 대한민국 해군
의 의중을 떠보며 국민의 정부를 군사력으로 시험하며 간 보고
있었다. 이는 남북 해상 경계로 인식되어왔던 NLL을 무시하려
는 의도를 북한 당국이 시험했던 것으로 충분한 판단으로 추정
할 수 있게 됐다.

  이에 해군은 고속정과 초계함 10척을 동원하여 선체를 직접
충돌시켜 북한 함정을 NLL 밖으로 내보내려 했으나, 이에 충
돌 공격을 받은 북한 경비정 1척이 갑자기 25mm 기관포로 공
격을 시작하자 다른 함선도 공격에 가담하였다. 이 과정에서 안
지영 소령과 일부 병사가 부상당했으나 북한의 피해는 적지 않

은 것이다.

이러한 도발에 대응해 초계함 76mm 함포와 고속정의 40mm 기관포 등으로 사격하면서 반격을 가하였다. 그 결과 북한의 신흥 어뢰정 1척과 중형 경비정 1척 등 2척이 침몰되었으며, 다른 경비정 3척도 크게 파손된 채로 후퇴하여 퇴각했다.

여기서 언급해야 할 부분은 당시 김대중 정부는 햇볕 정책을 내세우며 북한 당국과 관계 개선에 나섰으며, 정주영 명예회장은 북한을 넘나들며 관계 개선 도중에 일어난 것으로 북한 당국은 김대중 정부를 시험하면서 반응을 타진했던 것이 확대된 교전으로 발발하고 북한 해군에서 많은 피해를 입었던 것으로 여겨진다.

한국 해군은 몇 명의 부상자와 경비정 파손에 불과했지만, 북한 당국은 1척의 어뢰정과 1척의 경비정이 침몰되고 수십 명이 전사되었던 점에서 북한 해군의 고위층에서 기회를 노리며 기습 공격을 위한 준비를 시작했다는 점이다. 왜냐하면, 2000년 6월 15일 남북 정상회담과 금강산 관광 남북 이산가족 상봉 등 남북 관계가 충분하게 개선되고 있었으며, 월드컵 열기로 한반도가 뜨겁게 달아오르고 있을 때 2002년 6월 29일 서해 해상에서 작전 중이던 해군 참수리급 고속정이 북한 해군의 기습 공격으로 침몰한 것이다. 당시 북한 해군의 기습이 있었던 6월 29

일 10시 25분은 2002년 한·일 월드컵 최종 경기가 치러지던 날로 김대중 정부에서 금강산 관광과 이산가족 상봉도 한창 추진되었던 임기 말 햇볕 정책 속에서, 3년간을 기다려 한국 해군의 허점을 발견하고, 북한 해군 소속 8전대 7편대 소속 경비정 등산곶 684호정 85mm 전자포로 기습 공격하여 한국 해군 참수리호를 침몰시켰다.

이 같은 교전으로 한국 해군 6명의 전사자가 발생하였던 것이다. 즉 제1 연평해전이 끝나고 3년을 기다렸던 것은 그만큼 한국 해군의 틈을 찾지 못하다가 월드컵 분위기에 휩쓸려 있고, 한편 금강산 관광이 한창 진행하였던 그때 그들은 성동격서 전법을 그대로 적용한 것이다. 1차 연평해전의 충격을 한국 해군이 잊어가고 있을 때를 놓치지 않는 것이며, 월드컵 4강 열기와 금강산 관광의 분위기에 찬물을 끼얹는 북한식 보복 공격을 한국군 수뇌부는 계속 당하고 있는 것이다. 왜냐하면, 천안함 피격 사건에서 다시 언급하겠지만 북한의 상투적인 전투 수법이 뻔하게 나올지 모르기 때문이다. 북한의 전술 전략에 다양하게 대응하여 한국 장병들의 생명을 지켜내야 할 책무를 다해야 한다.

8.
천안함 피격 원인과 연평도 포격

    ✒ 1998년 2월 김대중 정부가 출발하면서 표방했던 햇볕 정책은 남북 관계 개선에 큰 기대를 갖게 했다. 한반도 위기설 속에서 IMF 구제 금융까지 받아야 했던 김대중 정부는 박지원 비서실장을 북한에 특사로 파견하고 남북 관계 개선에 신속하게 대응했다. 그것은 한반도 전쟁설이 꾸준히 제기되고 있었다는 점에서 신속하게 불확실성을 제거하여 안정적인 모습이 필요했던 것이다.

한편으로 대한민국 신용도는 추락하고 있지만, 전 국민이 동참한 금 모으기 운동은 세계가 깜짝 놀랄 정도로 새로운 국민의식을 만들어 다시 뛰게 했다.

이러한 정부는 국민과 함께 위기 극복을 위해 노력하므로, 정부에서도 자신감을 갖고 대응하면서 국민에게 믿음을 주었던 것으로 여겨진다.

광복 이후 최초로 수평적 정권 교체를 이룩하고 최초로 남북 정상회담을 이룩한 김대중 정부는 2000년 6월 13일 평양 순안 비행장에서 김정일 국방위원장과 포옹을 하고 55년 만에 남북 정상회담을 갖고 역사적인 6·15 남북 공동 성명을 이끌어 냈다.

이후 남북 이산가족 상봉과 금강산 관광을 남북 경제 협력 확대 경의선, 동해선 연결 및 통일 운동 활성화를 통해 남북 관계를 화해, 협력 체제로 전환했다.

이렇게 50년간 남북 관계에서 불통으로 이어온 관계를 평화 협력 체제로 전환될 수 있었던 것은 김대중 대통령이 끊임없이 포용 정책을 제기하였기 때문이다.

이미 정상회담 이전 정주영 H그룹 회장께서 평양을 오가며 금강산 관광을 계획되었던 부분으로 1998년 6월 소 떼를 몰고 북으로 올라갔던 경험에서 체육 교류, 문화 교류, 이산가족 상봉 등 남북 협력 사업에 많은 기대를 갖게 되었던 부분이다.

그리고 정몽헌 회장과 정주영 명예회장과 함께 북한을 방문하였던 것은 한반도 허리의 평화를 볼 수 있었던 청사진으로 한반도 허리인 금강산 관광과 개성공단을 통해 한반도가 평화의 시간을 맞이하기에 충분하게 작용했던 것으로 평가해야 할 것이다.

그리고 1998년 11월 18일 해상을 통해 관광을 시작하였으나 2003년 9월부터는 속초를 거쳐 동해안 해안 육로 관광이 시작되었고, 2007년부터는 내금강으로 관광이 확대됐다.

그러나 2008년 7월 11일 새벽 북한 여군이 해안을 산책 중이던 관광객 박왕자를 총격하여 사망하면서 관광이 전면 중단되었다.

이처럼 정권이 바뀐 지 5개월 만에 돌발 사건을 제대로 대처하지 못하고 금강산 관광을 폐쇄시키는 결정을 함으로 54년 만에 남북 관계 개선을 통해 핵 폐기와 불능화 프로그램을 가졌던 6자 회담이 깨졌다. 북한 당국이 2008년 9월 영변 핵 봉인을 해제하고 이듬해 5월 24일 북한은 2차 핵 실험을 함으로 다시 한반도에 핵 위기를 자처하게 만들었다.

이는 노무현 정부에서 이명박 정부로 정권이 바뀐 지 5개월 만에 남북 협력 사업인 금강산 관광이 폐쇄되고 북한 당국이 스스로 냉각 탑을 폭파한 후에 돌변한 것으로, 핵 개발을 가속시키는 계기가 됐다.

이명박 대통령은 건설 회장을 경험했던 관계로, 모든 사고 구조에 대하여 그 누구보다 해박한 지식을 가졌음에도 불구하고 새벽 산책길에 나섰던 박왕자 씨의 피격 사건을 마치 기다렸다는 듯이 사고 후 보여준 대처 방법과 수습 태도에서 보여준 것은 즉각적으로 금강산 관광을 폐쇄하는 쪽으로 방향을 잡아서 수행하였다.

예컨대 대형 공장이나 건설 공사 현장에서 인사 사고가 발생하면 사고 지역을 봉쇄하고 사고 원인과 대책반을 꾸려 사건 경위와 원인을 규명하여 사건을 해결하면서 대처하는 방향이다.

이 같은 인사 사고가 난다 할지라도 건설 공사를 폐쇄하거나 면허를 반납하지 않는 것이 상식이다. 그러나 이명박 정부는 작은 건설 공사도 아니고 전 정부가 55년만 이룩해 만들어 놓은 남북 협력 사업을 거리낌 없이 성급하게 결정한 흔적은 한반도 미래를 단 1초도 생각하지 않고 선택하였다고 판단된다. 이 때문에 이 선택이 우리 젊은 군인들을 죽음으로 몰고 간 원인이 됐다. 한반도를 엉뚱한 핵 방향으로 몰아갔던 원인을 냉정하게 찾아서 평가를 통해, 남북 관계 협력과 한반도 미래를 위해 선택하고 결정되어 직진할 수 있는 충분한 시간이 필요하게 됐다.

따라서 박왕자 씨 피격 사건이 몰고 온 한반도가 엄청난 소용돌이 속으로 빨려 들어가도록 만들어 냈던 것으로 고민 없이 저급하고 성급한 결정이 2번이나 보복 공격을 명명하지도 못했던 것이다. 그리고 박근혜 정부도 4차 핵 실험이 끝난 지 한 달후에야 개성공단 폐쇄 결정을 내린 경우는 명분도 없이 중소기업 104개의 내국민 재산권을 보호하지 못하고 내팽개쳐 버린 선택이 되어버렸다. 더구나 수십만 명에 이르는 남북 이산가족은 꿈을 하나둘 접고 있는 것을 보면 남북 이산가족의 중요성을 제대로 인식하지 못하였던 것으로 상봉 시간이 얼마 남지 않았음은 참으로 안타까운 고문으로 변화시켰던 것이다.

이처럼 남북 관계가 구조적으로 다시 원점으로 가게 된 것은 금강산 폐쇄에 따른 후유증으로 한반도 곳곳에서 나타나고 있다고 생각된다. 특히 북한 당국은 급변하는 세계정세에는 관심이 없이 그들이 가고자 하는 길만 오로지 뚜벅뚜벅 걷고 있으며, 그들이 원하면 언제든지 기습 공격을 감행해왔다는 사실을 직시하지 않으면 안 된다. 북한 당국은 핵과 무기 개발에 갇혀 있으면서 충성 경쟁 속에서 오래 장수하고 권력이 유지되는 집단으로 북한사회를 통제하는 권력구조를 파악해야 된다.

이러한 권력 구조를 갖고 있기 때문에 러시아와 중국은 법을 바꿔가면서 평생토록 장기 집권을 잡기 위한 제도를 만들어 합리화시켜갔던 이유가 작용했을 것으로 사회주의 본가 입장에서 볼 때, 북한 권력 구조가 3대 왕조에 걸쳐 견고하게 지배되는 사실에 그들은 감탄하여 통관세 없이 수입되어 안착시켰던 것으로 추정이 가능할 수 있게 됐다. 만일 그 권력 추종자들과 함께 연대하여 의기 투합된다면 세계경제가 영혼이 이탈되어 춤을 추게 하는 상태가 될 수 있을 뿐 아니라 약소국가 국민들은 언제든지 독재자 힘의 논리대로 좌우될 수 있다는 사실은 불을 환하게 타올라 대자연 숲을 타들어 가는 뻔한 논리로 입증해주었기 때문이다. 예컨대 미얀마 쿠데타 사건을 통해 인류에 보여준 참상은 과거 1980년 5·18 민주화 과정의 역사가 미얀마로 옮겨 가서 재생산되고 쿠데타 유전자가 인간의 귀중한 생명을 군홧발로 짓밟고 광분 테이프를 돌리고 있기 때문이다.

1980년 당시 세계 여러 나라는 세계 시민들을 염두해두지 못하고 약소국가의 인권을 남의 집 불구경하고 있던 기억을 소환해야 됐다. 돌이켜 보면 40여 년 세월이 흘러갔지만, 광주 쿠데타 세력들은 단 한 사람도 진정한 사죄가 없었을 뿐 아니라 그 지휘를 받았던 자들로 양심선언 없이 광주의 한을 떠넘겨 슬그머니 비껴가고 있는 모습은 참으로 안타까운 것이다.

지금 미얀마 군부 세력들은 총으로 수많은 생명을 난도질하면서 보이지 않는 곳에 암매장하고, 폭력과 감금이 일상화되어 미얀마 국민을 암흑 속으로 몰아가는 행태는 또 하나 독재자가 등장하는 것으로 중국 당국이 미얀마 쿠데타 세력을 지원하며 독재자 유전자 메모리칩에 저장시켜서 선한 영향력을 담아가는 의미가 충분하게 됐다.

이는 인류가 직면한 기후변화 도전 속에 독재자들에 의해 세계 경제가 위협받고, 그 혼란한 틈에 세계 시민 인권이 묻혀가는 사실적 이론을 독재자들 스스로 입증하고 추탐하는 모습을 나타내고 있는 것이다.

따라서 미얀마 군부 쿠데타를 UN이 해결하지 못한 채 방관되었던 점을 반성하고, 미얀마 인권이 군부에 의해서 도살되고 있는 이때, 세계시민이 일어나서 세계시민과 연대하며 미얀마 국민을 위해 손을 내밀어야 할 때가 온 것이다.

과거 광주 5·18 민주화운동에서 세계가 손을 내밀지 못하였으나 광주민주화운동을 반면교사로 삼아서 광주 시민이 겪었던 경험에서 광주 시민이 세계시민과 연대하고, 미얀마 국민에게 손을 내밀어 응원하며 힘을 보태고, 세계 시민의 민주화운동과 인권을 위해 선도되는 KK 모습에서 새로운 세계의식 구조가 설계되고 디자인되도록 필요하게 된 것이다.

하지만 대한민국은 한반도 미래를 위하여 평화가 정착되도록 집중하여 남북 젊은 생명이 더 이상 총부리를 겨누지 않도록 환경이 개선되는 평화의 시간이 절실하게 필요하게 된 것이다. 그들이 기습적으로 공격하면 순간적으로 당하면서 방어해왔고 평화를 취하며 남북 관계 개선에 노력해왔던 점이다. 과거 김대중 정부에서 일관되게 추진하였던 포용 정책이 남북 협력 시대를 만들어 평화가 구축되었듯이, 여야가 포용 능력을 일관되게 키워 추진되어야 남북 관계에서 새로운 변화가 일어나고 협력하는 방향을 선택할 수 있을 것이며, 미래 한반도 모습을 담아낼 수 있는 환경을 갖게 될 것이다.

한편 북한 당국은 2009년 11월 3일 폐연료봉 8천 개 재처리 완료를 선언하므로 핵무기 실험의 가속도를 갖게 만들었다.

그리고 이듬해 2010년 3월 26일 1년 8개월 만에 불어닥친 북한군의 기습 도발로써 천안함을 피폭시켜 승조원 104명 중 46명이 사망하고 천안함이 침몰되었던 사건이다. 또 같은 해 11월 23일 연평도를 포격하여 군인 2명이 전사하고 16명이 부상당했으며 민간인 2명 사망에 3명이 부상한 것으로 북한은 다시 기만술을 부려서 천안함 사건을 은폐하려고 연평도를 공격하였던 것으로 단정할 수밖에 없는 사건이다.

그러면 당시 노무현 대통령 말기 6자 회담을 통해 합의했던 모든 핵 시설 불능화 및 프로그램 신고를 합의하였다. 이 때문에 이명박 정부가 시작된 직후 북한 당국은 2008년 6월 27일 영변 냉각 탑을 폭파하면서 이명박 정부에게 무언의 메시지를 보낸 것으로 판단되지만 외면하고 금강산 관광 폐쇄를 한 것이다.

즉, 같은 해 7월 11일 냉각탑 폭파 14일 만에 금강산 관광객이 돌발사고 죽음으로 7월 폐쇄하고 북한은 3개월여 만에 원자로 봉인을 해제하게 된 것이다.

이는 북한 국방위원장과 수뇌부에서 심도 있게 논의하였으나 금강산 재개의 움직임이 없어 3개월을 기다려 준 것으로 여겨진다. 북한 당국은 이 기간에 모든 계획이 완료되고 일사천리로 흘러간 흔적이 있기 때문이다.

성동격서대로 핵 개발에 집중하며 한편으로 긴밀하게 보복작전이 들어갔기 때문에 남한 당국이 눈치채지 못하였고 국군 감청국에서 감청을 하여 군 수뇌부에 신호를 보냈으나 무시한 정황 등에서 너무나 안일하게 대응하였던 흔적으로 남게 되었다.

특히 북한 당국의 기만술에 속수무책으로 당하는 것은 무지에서 당하는 것이 1999년 6월 5일 1차 연평해전을 까맣게 잊고 있을 때 기습 공격을 해왔던 점에서 그들은 시간과 장소를 가리지 않고 복수를 해왔다는 뜻이다.

이 같은 북한 당국의 보복 공격은 김대중 정부 때 이산가족 상봉과 금강산 관광 교류 등 남북 협력 사업 중에서 그들이 당한 것을 되돌려 준다는 의미다. 연평해전을 잊고 있을 때 3년 만에 기습 공격하여 복수의 칼을 뽑은 것이다.

이러한 행태의 북한 군부라면 김정일 국방위원장의 치적이라고 생각할 수 있는 6·15 남북공동선언과 남북 협력 사업을 통해 자신감으로 2007년 10월 13일 6자회담에서 모든 핵시설 불능화 조치 및 프로그램 신고에 합의하였고 2008년 6월 27일 영변 원자로 냉각탑마저 폭파시켰던 점을 더하여 금강산 관광 폐쇄에 따른 금전적 손실이 가해졌던 부분에서 북한 당국을 위기로 몰아가게 됐다. 이러한 과정 속에서 이명박 정부에 70여 일 시간적 빌미를 제공했지만, 금강산 관광 재개 움직임을 나타내지 못하였기 때문에 결정적인 원인이 됐다. 북한 당국의 수뇌부는 대응조치 없이 넘어갈 수 없는 환경으로 급박하게 변해갔던 당시 상황을 생각해 본다면 어렵지 않게 추정할 수 있을 것이다. 왜냐하면, 충성 경쟁 없이 나갈 수 없기 때문에 빠른 결정과 보복을 계획하여 감행하고 충성을 해야 그들이 살아갈 수 있다고 판단해야 옳을 것이다.

따라서 금강산 관광의 저급하고 성급한 폐쇄 결정으로 북한 군 충성 시간을 갖도록 만들어 주었고, 그 기회가 2010년 3월 26일 서해 백령도 부근 해상에서 천안함을 기습적으로 직격 보복하여 피폭시켰던 것으로 우리 젊은이들은 영문도 모른 채 산화되어 갔던 것을 기억하여 남북 교류와 협력 사업에서 경계해야 할 부분이 됐다.

그리고 그해 2010년 11월 23일 선전포고도 없이 연평도를 기습으로 포사격을 한 것은 기만 전술을 다시 구사한 것이다. 천안함 사건으로 달아올라 국제적으로 여론전이 펼쳐질 것을 미리 차단하는 전술 전략으로 연평도를 포격하여 시선을 돌렸던 사건으로 판단된다.

이렇듯 남북 관계는 어떠한 결정의 선택에 따라서 평화가 오고 총격이 가해지는 위험 속에 한반도 운명이 바뀔 수 있다는 점이다. 이는 남북 관계에서 분단의 비극을 평화 지역으로 바꿔 놓았지만 땡감 같은 떫은 리더쉽의 결정과 선택에 의해서 우리 젊은 청춘들은 영문도 모른 채 바닷속으로 산화되었지만, 아직도 그 세력들은 잘못된 사과 없이 자유를 빙자해 민주주의를 유린하고 미래 한반도 희망마저 송두리째 삼켜버렸는지 성찰해야 할 것이다.

9.
한반도 공동 발전과 번영의 길

✒ 광복 이후 한반도는 허리가 절단되면서 맞이한 6·25사변의 비극을 통해서 한발 한발 전쟁의 폐해 속을 헤쳐왔다. 한반도 분단은 77년의 세월이 흘러도 상생하며 극복할 수 있는 바탕이 사라지고 실향민들의 꿈은 하나둘 풀어 강물에 띄우고 있다.

이제 한반도에서 태어난 국민이라면 세계에 흩어져 살아가는 한민족 후손이라면 선조들이 만들었던 독립운동 정신을 계승하고 발전시켜서 한반도 허리에 벨트를 채워보고 옷을 맞춰 입고서 달려 나가는 모습을 보고 싶은 것이다.

이미 30년 전에 통일을 맞았던 독일의 정치 수준과 국민의 의식 수준을 인용하지 않더라도 선조들의 독립운동을 하면서 한반도 구석구석을 누비며 나라의 독립을 이루고자 하였고, 중국 만주, 러시아 연해주, 미주 사회 등에서 활약하며 독립운동에 적극적으로 가담하였던 숭고한 독립정신을 인용하여, 미래 한반도가 소통 속에서 교류하고 협력하여 상생하고 배려해간다면 공동 발전과 번영의 길을 찾아야 한반도 미래가 열릴 것이다.

1945년 8월 광복 후 미·소에 의해서 분단된 다음에 구소련의 군사적 지원을 받은 김일성은 적화하려는 야욕으로 전쟁 준비를 하였던 반면에 남한 내부는 미 군정하에서 신탁 통치 반대 운동으로 사회적 혼란이 심화되고 있었다.

이 혼란한 틈에서 북한을 오가며 하나 된 한반도를 만들려고 노력하였던 김구 선생을 주목하지 않을 수 없게 됐다. 한반도 문제를 스스로 풀어가지 않으면 분단이 오래갈 것이란 예감 속에서 문제를 풀어내려고 노력했던 것은 상해 임정 활동의 오랜 경험에서 나오는 자신감으로 미·소가 얄타회담에서 대한민국을 배제하고 분단을 일방적으로 결정된 문제를 우리 민족이 자주적으로 극복하여 해결하려는 과정의 흔적이라고 판단된다. 그것은 상해 임시정부가 만들어 지면서 난립되었던 한성의 임시정부와 러시아 망명 정부, 중국에 있었던 상해 임시정부가 통폐합 과정을 가지고 있었던 경험에서, 하나 된 한반도를 만들려고 주체적으로 노력했던 부분에서 비롯되었다고 여겨진다.

이렇듯 한반도 미래를 위하여 열정을 바쳐서 가고자 했으나 김구 선생께 드리워졌던 검은 그림자들이 손을 잡고 한반도 통일을 방해하는 세력으로 여전하게 존재하며 이어져 내려오고 있다는 점이다.

왜냐하면, 공산 정권과 맞닥뜨린 독재 정권은 체제 유지와 보수가 필요하였기 때문에 남북 대화보다는 체제 경쟁 속에서 한반도 긴장은 고조되고 북한의 기습 공격은 빈번하여 우리 젊은 이들을 담보로 위태롭게 살얼음판을 걷고 있는 것이다.

이처럼 한반도 분단은 종전이 없다면 북한의 기습 공격이 끊임없이 발생할 수밖에 없는 것이다. 이 때문에 종전을 하지 못하면 한반도 평화는 미궁에 빠질 가능성이 크기 때문에 새로운 남북 관계를 만들어 평화 정착이 중요한 과제가 됐다.

이는 북한 당국이 핵을 포기하지 않는 상태를 가정해서 UN의 제재가 계속될 때 북한 당국은 정권 유지 차원에서 핵을 유지하고 주변 국가를 긴장시키며 내부 통제가 강화되고 북한 당국의 수뇌부 권력은 수성되어갈 것으로 추정해야 할 것이다.

지금까지 남북 교류와 협력 관계에서 그들이 보여준 행태를 돌이켜보면 진정성보다는 끊임없이 의심 속에서 대한민국을 시험하고 도발하며 그들의 마음대로 위험 놀이를 즐겨왔던 점을 감안할 때 한반도 평화를 위해 새로운 전략과 전술로 접근하여 북한이 관리되어야 한다고 생각된다.

그렇다면 어떠한 방법을 선택해야 한반도가 평화가 정착될 수 있을까 하는 점에서 생각하지 않을 수 없게 되었다. 만일 남북한 정부가 허가할 수 있다면 인도적 차원에서 조총련 단체가 대한민국과 교류되고, 해외 교포들이 북한을 방문하는 교차 교류 방법이 성사되어 안전이 보장된다면 북한이 관심 있는 관광 교류의 한 축이 될 것으로 추진되어야 할 부분이다.

하지만 '한반도 비핵화'의 핵 협상에서 맛을 내기에는 양념이 없어 가능성이 희박하기 때문이다. 그리고 남북 협력 사업에서 무리수가 안 되도록 새로운 방향의 접근법을 찾아야 할 과제로 등장한 것이다.

따라서 북한 당국은 핵 개발하기 전 김정일 국방위원장은 금강산 관광 확대와 개성공단 확장으로 안심하게 되면서 핵 동결과 폐기 수준의 불능 상태로 갈 수 있는 용기를 가졌으나 지금은 핵을 완성한 상태로 모든 협상에서 우위에 있다고 판단할 것이며, 양보 없이 대등하게 핵 협상에 임할 것이다.

이 같은 과정이 양보 없이 계속된다면 한반도의 위험한 동거는 계속될 수밖에 없으며, 북한의 핵 개발을 기정사실로 받아들이면서 남북 협력 사업을 이어가려는 노력에 따라서 북한의 의식구조를 변화시켜야 될 것이다.

과거 국민의 정부 때 벌어졌던 연평해전 1차, 2차와 이명박 정부 때 천안함 피폭과 연평도 폭격처럼 북한군은 위험을 감수하면서 기습 공격을 감행하였던 전력에서 세밀하게 분석하여 우리 젊은이들 목숨을 지켜내는 열쇠를 찾아야 할 것이다. 그리고 한반도 분단이 77년이라는 세월 속에 더 노쇠해져 가는 것은 실향민과 관련해서 매우 중요한 것으로 오랜 형제 관계이다. 긴 세월 속에 한 명, 한 명 세상 밖으로 여행을 떠나고 있지만, 더 지체한다면 형제간의 구도마저 사라져 이산가족의 의미도 상실하는 두려움이 따르게 됐다.

이렇듯 한반도 자산이 유명을 달리하는 것은 인도적인 차원에서뿐만 아니라, 한반도 미래를 위해 선택하였던 당연한 과제가 확인되어있지만, 우리가 직면한 낭떠러지 앞에 무기력해지고 새로운 길을 찾고 있는 방법은 짙은 안개가 깔려있어서 앞으로 나갈 수 없게 됐다.

이는 미래 한반도 청사진을 제시하지 못하고 독재 권력에 익숙해진 북한 당국은 이념 체제에 갇혀서 밖으로 나오지 못하고 남북 관계가 불확실성이 계속된다면 한반도 미래 세대에게 부끄러움으로 남게 될 것으로 짐작된다.

따라서 한반도 열차에 북한도 합승하여 포용하며 보듬어서 동행하고 달려 날아갈 수 있도록 바다와 러시아 철도를 잇는 플랫폼을 만들게 된 점을 언급하게 됐다.

이 때문에 북한 당국이 개혁 개방을 못 하는 것으로, 무기 개발에 치중하여 갇혀있다면, 한반도 열차는 세계 시간에 맞추어 운행되어야 하기 때문이다. 따라서 잠시 북한을 우회하여 철의 실크로드 길을 통해 시베리아 대륙횡단을 선택하고 준비하여 가능하도록 추진된다면 한반도 섬을 탈출하는 터닝 포인트가 될 것으로 확신하게 됐다.

그리고 대륙횡단을 언급하는 것은 대한민국이 더 이상 섬이 아니라 기술력으로 바다와 대륙으로 연결할 수 있다는 새로운 구상을 실현시키는 것이다. 이제 대륙의 일부처럼 인류와 함께 세상 밖으로 달려나가는 메시지를 담아 매일 한반도 열차가 출발하여 한반도 발전의 원동력으로 삼아야 될 것이다.

그러면서 한반도 열차 활용도에 따라 구 소련아 부설하였던 철도를 적극적으로 사용한다면 경제 영토를 확대하는 데 큰 역할을 기대하는 것이다.

이때 세계 각 지역에서 생산되는 원 자원을 수입할 수 있고, 수출하면서 안정적인 철도망이 구축되는 모습을 갖추어 간다면 철도 효율을 높여갈 수 있는 개선 사업도 기대될 뿐 아니라 그 사회에 필요하고 인류 사회에 충분하게 공급할 수 있는 산업 단지를 건설하여 한반도 열차와 합승하여 미래를 열어가는 요소가 될 것이다.

10.
시베리아 대륙 횡단을 위한 플랫폼

✒ 오래된 철도 역사에도 불구하고 대륙으로 달려나가고자 하였던 욕구와 꿈은 분단의 아픈 기억 속에서 부딪치며 속절없이 기다림에 고통과 아픔이 시리고 내 민족 내 형제들에게 고스란히 전해지고 후손들에게 이어지게 되었다.

한반도 분단의 고통과 6·25의 기억은 잿더미 속에서 남북에 흩어진 이산가족과 세계 곳곳에서 살아가면서, 꿈과 희망의 실낱같은 끈을 잡고 놓지 못하는 것으로 고향에 갈 수 있다는 한 가닥 꿈을 간직하고 있기 때문이다.

그리고 상상하였던 한반도 열차가 시베리아 대륙을 횡단하여, 유라시아까지 달려 나가는 이상적인 꿈을 현실화시켜서 미래 세대들에게 새로운 기회를 만들어 주고 변화된 물결 속에서 파도타기를 즐기며 그 변화의 물결을 주도하도록 기회를 안겨주어야 하기 때문이다.

한반도 철도는 일제 강점기 때는 일본 수탈에 이용되며 시달렸고, 광복 후 분단의 멍에는 섬이 아닌 섬에 갇혀서 우물 안의 개구리가 되어 대륙으로 달려나가지 못하게 되었다.

이러한 과정을 극복하지 못하고 해방 이후 오늘날까지, 우리 수출입 운송에서 컨테이너 운반선에 의존한 채로 계속되어왔다. 이 때문에 글로벌 환경이 변하고 있는 이때 한반도 열차가 새로운 돌파구를 찾아야 할 과제가 됐다. 더구나 갈수록 늘어나는 컨테이너 운반선은 항구 밖에서 정박하는 시간이 길어지고 있어 열악해지고 있는 환경이다.

그리고 탄소 배출량 규제는 급변하는 글로벌 국제 환경에서 자동차뿐만 아니라 바다에서도 규제될 가능성에 선제적으로 대응한 것으로 한반도 열차가 대륙을 횡단해야 하는 확실한 이유가 될 것이다.

하지만 북한을 통과해야만 하는 중대한 과제로서 그 회답을 풀어내기란 만만치 않다. 이미 북한 당국이 심혈을 기울여 완성해 놓은 핵무기기를 폐기하지 못한다면 세계 핵 확산 금지와 부딪히며 한반도 비핵화는 영구히 미제로 남을 확률이 높아졌기 때문이다.

특히 북한과 회담에서 핵 폐기를 이끌어내지 못한다면, UN

의 제재는 계속되고 남북 경제 협력뿐 아니라 철도 연결도 불가능하게 될 것이며 한반도 미래를 암울하게 만드는 요소로 작용할 것이다.

지금까지 북한 당국의 행태로 보아 협상에는 임할 수 있으나 한반도 비핵화 진전에는 극복해야 할 여러 조건을 내세워 충족하지 못할 때는 다시 U턴할 수 있기 때문이다.

이렇듯 핵 확산 금지를 위해 미국과 북한 당국이 어려운 회담으로 가겠지만, 중국은 한반도 비핵화 길목에서 아무런 조치가 없는 것으로 북한의 선택을 어렵게 만들어 갈 추측을 낳고 있다.

따라서 한반도 열차가 북한 철도와 연결되어 대륙으로 횡단하는 꿈은 미완으로 남겨두고, 새로운 구상을 하여 철의 실크로드 길을 찾아 나서야 하는 중대한 시점에 이르게 됐다. 더구나 바다에서 일어나는 각종 사고는 다양하게 발생하고 컨테이너 운반선에서 발생한 빈번한 화재와 수에즈 운하에서 좌초되었던 컨테이너 운반선 사고는 운하가 마비 상태에 이르러 심각한 혼란을 심화시켰으며, 우리 수출입 운송에서 심각한 불안 요소로 나타냈던 것이다.

이러한 컨테이너 운반선의 운송 방법에 대하여 장기적인 관점에서 해상운송의 단점을 보완하는 차원을 넘어서, 반드시 한반도 열차가 새로운 변화를 선택해서 달려 나가야 한다는 확신을 갖게 되었다.

지금 바로 변화를 준비하기 위하여 러시아 철도 및 항만과 협력을 구축하는 노력과 함께 미래 지향적으로 나간다면 한·러 열차가 미래의 철도 변화를 주도해 나갈 수 있는 핵심적인 역할을 하게 되어 수출입 운송에서 경쟁하고 있는 국가들보다 Korea 가치를 높일 수 있는 요소가 작용될 것이란 예측을 하게 됐다.

이는 한반도 열차가 시베리아를 횡단하기 위해서 북한 철도와 연결해야만 했던 상식을 던져버리고, 북한을 우회하여 새로운 구상 속에서 혁신적인 플랫폼 기술을 통해 고정관념과 한반도 열차에 적용하여 대륙횡단의 꿈을 이룩하려는 간절한 소망을 담은 열쇠가 필요하게 된 것이다.

그러면 한반도 열차가 대륙으로 달려나가는 것보다, 역으로 생각을 바꾸어 러시아 열차가 한반도에 들어오도록 플랫폼 기술이 개발되어야 할 부분으로 다가왔다. 즉, 세계 최고 수준의 조선 기술과 철도 기술을 융합시켜 건조해낸 열차 운반선 (해상 열차 기지)을 동해의 푸른 물결 위에 띄우는 것이 그것이다.

예컨대 열차 운반선을 축구장 크기의 4~5배로 가정해놓고 열차가 배 안으로 자유로이 드나들 수 있으면서 선로를 변경할 수 있는 차량 기지를 설계하는 것이다. 이는 선로 변경의 확보 속에서 여객 열차와 화차가 육지에 드나들며, 대륙을 횡단할 수 있게 화차의 양을 임의대로 연결할 수 있어야 할 것이다.

이러한 여객열차와 화차를 실을 수 있는 열차 운반선은 러시아 광궤를 부설할 수 있도록 계획하고 설계하는 과정은 여객열차와 화차도 광궤에 맞게 생산하여 공급하여야 할 점이다.

그리고 블라디보스토크 역에는 한반도 열차를 운용할 수 있는 전용 기지창이 건설되고 블라디보스토크 항 전용부두에서 역까지 광궤를 부설하여 바다와 육지가 연결되도록 갖춰지는 것이다. 그러면 전용부두의 운반선과 육지 철도가 연결되는 것으로 블라디보스토크 기지창을 출발한 열차는 전용부두에 있는 열차 운반선에 탑승하는 플랫폼 시스템을 갖추게 되는 것이다.

이 철도 운반선을 통해서 동해의 푸른 물결을 가르며 부산항 전용부두에 열차 운반선이 정박하여 시베리아 횡단 열차가 들어오고 나갈 수 있는 플랫폼이 갖춰지는 가정 속에서 여객 수송 열차는 부산역에서 환승 할 수 있는 시스템을 만들고, 화차는 유럽으로 운송할 수 있는 토크 시설의 플랫폼에서 수출입 컨테이너를 신속하게 싣고 내리는 역할로서 기지창에서 대기하며 부산항 전용부두에 있는 열차 운반선에 드나드는 시스템으로 갖춰지게 될 것이다.

그리고 러시아 광궤를 한반도 열차가 사용한다면 유럽의 길목에서 궤간 가변 대차가 1번 이루어지고 유럽의 철도를 달려서 유럽의 여러 나라에 필요한 화물을 지속 가능하고 신속하게 운송하는 수출 시스템으로 유럽 국가에 배송까지 그 가능성은 충분하다.

이로써 한반도 열차가 시베리아 대륙 횡단의 플랫폼이 이론상으로 완성되었으나, 러시아와 구체적인 협력 과제를 해결해간다면 유럽과 시베리아 및 한반도를 잇는 혁신적인 신 물류 운송시스템이 탄생하게 될 전망이다.

예컨대 바다에서 항해하는 유조선, 컨테이너 운반선, 가스운반선, 크루즈 호화 관광선 등이 특화되어 운항하듯이, 한반도의 분단된 특수성을 감안하여 열차 운반선이 불가피한 것으로, 한반도 열차가 새로운 물류 운송 체계를 만들어 가는 모습을 기대하는 것이다.

이는 러시아와 중앙아시아 대륙을 누비는 한반도 열차는 궤간 가변 대차 없이 부산역을 넘나드는 제1안이 될 것이다.

그리고 제2안으로 세계 표준 궤도로 부산역을 출발하여 여유로운 핫산 항구에 전용부두를 건설하고 핫산항 표준기지창을 건설하여 한반도 열차가 기지창에서 대기하며 러시아 길목 핫산역에서 궤간 가변 대차를 1번하고, 러시아 대륙을 달려 유럽 길목에서 궤간 가변 대차를 2번하여 유럽에 화물을 운송하는 것이다. 반대로 돌아오는 과정에서 유럽에서 부산역까지 다시 2번의 궤가 가변 대차가 필요한 조건이다.

다시 한 번 언급한다면 구소련의 철도망을 사용하는 중앙아시아 국가와 교역은 제1안으로 궤간 변경 없는 열차 운행이 익숙해질 것이며, 유럽까지 궤간 변경은 한 번으로 족하다는 것이다.

즉, 제1안과 제2안을 정밀하게 비교 분석하여 경제적 가치와 열차 운행의 효율을 찾는다면 한반도 열차가 달려가는 동시에 미래 경제 영토를 확장하는 대문 역할을 기대하는 추론도 가능할 것이다.

따라서 한반도 열차가 부산 기자창을 출발하여 수출품을 싣고 동해의 푸른 물결을 가르고 핫산항 기자창 역을 거쳐서 대륙 횡단을 하여 유럽까지 달려가는 철의 실크로드 길을 한반도 열차가 선택하여 개척되어야 한다고 판단한 것이다.

11.
러시아 철도

🖋 러시아의 넓은 영토와 오랜 역사가 연결되고 다양한 문화와 예술 등을 심층적으로 이해하면서, 깊은 역사의 향기를 맡으며 일반 대중과 교류하고 밀접할 수 있는 일반 도로망과 철도망을 파악하여 접근하고 여행하는 방법을 찾아서 살펴보는 것이 즐거운 여행으로 판단된다.

이는 도로 교통과 철도를 이용하는 세계 모든 시민이 이용하는 보편적인 교통수단으로 그 나라의 깊은 역사와 문화 예술을 가까이 접근하여 밀접하고 이해하는 데 많은 도움을 주고받아서 개인의 영감을 끌어내는데 충분한 역할을 하면서 새로운 문화 예술을 창조하는 요소가 되기 때문이다.

이렇듯 러시아 역사와 문화 예술을 탐방하기 위해서 러시아 주요 도시와 연결되어있는 철도망을 살펴보는 것이 광활한 시베리아 대륙을 달리기 위한 출발점에서부터 가능성을 찾게 된 것이다.

따라서 러시아 철도는 준공영기업이며 2003년 철도 사업부가 분리되었다. 모스크바에서 상트페테르부르크 고속철도는 250km의 속도를 내는 것으로 알려졌다.

그리고 러시아 궤간은 1,520mm의 광궤로 구소련 국가 및 핀란드, 몽골 등에서 사용하고 있으며, 225,000km가량의 철도 노선이 러시아 철도 궤간을 사용하고 있다는 데 주목할 필요가 있다.

이는 세계에서 가장 긴 철도 노선은 모스크바에서 블라디보스토크 역을 잇는, 총 길이 9,159km로 164시간이 소요되고 87개의 도시를 지나서 여행할 수 있으며, 60여 개의 역을 만나게 된다. 또 광활한 시베리아 대륙을 거쳐 유라시아를 달리다 보면 무려 7번의 시차를 경험하는 것은 차창 너머로 스쳐 지나가는 풍광의 자연을 철도 여행으로 만끽하는 보너스다.

이 때문에 한반도 열차가 궤간 가변 대차를 변경하지 않더라도 구소련 지역에 부설된 광궤를 그대로 사용할 수 있는 장점들을 찾아내서 한반도 열차가 달려 나가는 데 날개를 달아주는 것으로 능동적으로 추진할 수 있다면 가능성은 충분하다.

이렇듯 꿈과 상상을 현실화시킬 수 있도록 미하일 고르바초프는 1991년 12월 25일 대통령직을 사임하고 소련 지도부를 해체하였으며, 모든 권력을 보리스 옐친 대통령에게 승계한 것이다.

이로써 다음 날 최고 평의회의 선언으로 모든 소련 공화국의 독립을 인정하며 독립국가연합을 수립하는 안이었다.

이 같은 결정으로 인해 동유럽 국가와 중앙아시아 국가들은 독립을 확립하여 새로운 국가로 탄생하게 된 배경이다. 또 공산 진영과 자유 진영의 이념 경쟁도 사실상 종지부를 찍게 된 점이다.

그렇지만 아직도 모스크바와 연결된 철도 노선은 변함없이 유지되고, 구소련 위성국가 및 중앙아시아 국가들은 러시아 광궤를 그대로 사용하고 있는 사실에 열쇠가 있다.

이러한 중앙아시아 노선은 구소련 정부에 의해서 1937년 연해주에 살았던 18만 명의 고려인을 중앙아시아 지역에 강제로 이주시킨 철도면서 고려인의 애환이 녹아있는 장소로써 지금도 고려 후손인들이 사용하는 철도 노선이다.

그리고 많은 고려 후손인이 중앙아시아 각지에 흩어져서 살아가면서 다양한 직업을 갖고 경제 활동을 지속하여, 사회 각 분야에서 역동적으로 활동하며 지역 사회에 기반을 두고 있는 것이다.

이 때문에 한반도 열차가 정기적인 시간표대로 중앙아시아를 달려가는 철의 실크로드 길이 구현된다면, 고려인의 자존감을 찾아 주고 민족적 동질감 회복에 자신감으로, 새로운 꿈과 희망을 가질 수 있도록 하는 것이며, 거점 도시를 확보하여 경제 영토를 확대시켜 가는 이유가 존재하는 것이다.

따라서 부산역에서 출발한 한반도 열차는 핫산항과 역을 거쳐서 중앙아시아 대륙을 직행, 경유 노선을 만들어 가면서 수출입 운송과 관광 분야에서 역동적으로 기대하는 것이다.

12.
한반도 열차의 대륙 횡단 소요시간

    ✒ 한반도 열차가 동해 바다의 푸른 물결을 헤치고 저 넓은 대륙을 달려갈 수 있는 새로운 상상과 창조적 구상은 한반도 열차가 선택하여 세계 철도가 경험하지 못했던 새로운 길을 열어감으로 철도 운송을 주도하게 된다는 점이다.

현시점은 모든 물류 운송이 해상으로 집중되어있다면, 이들 물류 운송이 철도로 옮겨가는 전제하에 수출입 운송과 관광 분야에서 혁신이 일어나고 해상에 치우쳤던 운송 비중이 철도로 바뀌게 될 것이란 예측이 가능하다. 또, 그 비중이 증대되어 감에 따라 한반도 열차의 가치가 높아져 미래 세대에게 먹거리를 확보하는 차원의 이유가 충분하다.

이러한 변화에 직면해서 해상으로 소요되는 시간과 대륙 횡단을 통해서 단축되는 화물 시간의 비교 차이에서 유럽 각 국가에 배송되어 가는 과정에서 혁신이 일어나고 여객을 운송하는 열차의 저렴한 비용이 관광 분야에서 변화가 일어날 것으로 추정하는 것이다.

그리고 과거 항공 여행으로 유럽을 관광하였던 경험과 다르게 한반도 열차를 통해서 대륙 횡단을 하고 유럽과 중앙아시아 및 동아시아의 풍부한 대자연의 관광 자원을 활용한다면 인간의 다양한 관광 욕구를 충분하게 만족시키는 것이다.

이는 국제적으로 풍성한 관광 시대를 만들어 한반도가 관광 대국으로 가는 지름길이 되도록 한반도 열차가 새로운 길을 달려가 분단의 상황을 극복하려는 뜻을 담았다.

이 때문에 해운 운송 시간과 철도 운송을 비교하여 제시하고 올바른 방향을 찾아 한반도 열차가 선택하고 나아가서 한반도 원동력으로 기대하는 것이다.

그러면 부산항에서 유럽의 거점 항구 노트르담 항구까지 항해 거리는 80,800해리로서 컨테이너 운반선의 항해 속도는 17노트로 항해할 때 직선 항해 시간은 26.5일 소요되는 것이며, 경유 노선을 거쳐서 소요되는 날짜는 42일 정도 소용되는 것으로 나타난 것이다. 또 부산항에서 블라디보스토크 항까지는 510해리로, 15노트 항해 속도로 운행할 때 1일 10시간 소요되는 것이다.

그리고 "블라디보스토크 역에서 모스크바 역까지 철도 거리는 9,159km로, 열차로 6박 7일 소요되는 것으로 나타나고 있으며 모스크바 역에서 유럽 주요 도시까지 철도 연장 2,533km도 철도연구소가 발표했다."

한반도 철도가 북한을 지나 러시아 대륙을 거쳐서 유럽까지 운행하기 위해서는 철도 궤도의 폭이 다른 러시아 국경에서 환승이나 환적을 통해 가능해야만 했다. '철도 연구원은 환승이나 환적, 또는 열차의 교환 없이 유라시아를 달릴 수 있는 궤간 가변 대차'를 개발하였고, TKR-TSR 노선에 실제 적용하기 위하여 러시아와 협력을 촉진할 예정이라고 했다.

그리고 철도 연구원과 러시아 철도 과학 연구센터와 MOU를 체결하게 된 점은 한반도 열차가 대륙 횡단의 어려운 도전을 극복하는데 긍정적으로 작용할 것이며, 새로운 꿈과 희망이 우리 앞에 성큼 다가와 있는 지금, 북한의 핵 개발로 위기이지만 더 이상 늦춰서는 기회가 될 수 없다는 판단이다.

이미 철도연에서 기술 개발을 통해서 만들어 놓은 궤간 가변 대차는 한반도 열차가 달려갈 때, 궤도가 바뀌는 길목에서 변경된다는 의미이다. 이 말은 대한민국 열차가 북한을 통과하는 전제하에 두만강을 건너서 러시아 길목에서 1번 대차하고 대륙을 달려가서 유럽의 철도와 잇는 길목에서 2번째 궤간 가변 대차를 하는 것으로 다시 돌아오는 과정으로 거친다면 4번의 대차가 이루어진다는 뜻이다.

한반도에서 비핵화를 해결하지 못하고 북한 철도와 연결된다는 조급하고 성급한 판단은 망상에 불과하며 북한 당국에 좌우되는 결정이라면 리스크가 항상 도사리고 있기 때문이다.

만일 북한 당국이 어렵게 만들어 낸 핵 개발을 포기하지 않는다면 남북 교류와 협력 사업뿐만 아니라 철도 연결도 쉽지 않은 것으로 추정된다. 이것은 한반도 주변의 이상 기류의 먹구름이 드리워져, 한반도가 비핵화 먹구름 속으로 빨려 들어가므로 소나기라도 뿌려야 평화라는 파란 하늘을 볼 수 있을 것이다.

따라서 북한 당국이 오랫동안 핵 개발을 추진해왔던 목적은 이루었지만, 비핵화 방향이 어떠한 방향으로 흘러가게 될지 예측하기 어렵게 되었다. 더구나 연세 많은 실향민은 한 분 두 분 긴 여행을 떠나고 금강산 관광 폐쇄 후 허송세월만 보내는 안타까움을 더해 한반도 열차 시간표를 더 이상 늦춰서는 시대적 흐름에 따라가지 못하는 절박한 심정으로 북한을 거치지 않고 우회하여 러시아 대륙을 횡단할 수 있는 철의 실크로드 길을 개척하게 되었다.

다시 언급하지만 한반도 열차를 수용할 수 있는 핫산역에서 차량 기지가 갖춰지고 핫산항에는 전용부두가 건설되어 핫산기지창까지 철도가 부설되는 플랫폼을 갖추어 핫산역에서 시간표 대로 대륙과 부산항으로 출발시키는 시스템이다.

이렇게 된다면 전용부두에 정박한 열차 운반선에서 곧바로 하차하여 기지창으로 이동될 것이며, 대륙에서 철수한 한반도 열차는 기지창을 떠나 정박 중인 열차 운반선에 탑차하여 부산 항으로 귀환하는 것으로 대륙 횡단에 소요되는 시간은 10여 일 로 추정하게 되었다.

그리고 분주한 블라디보스토크항구와 역을 조금 여유로운 핫 산항구와 역을 비교하는 의미는 항만 사고를 예방하는 차원과 미래 북한 철도와 연결을 염두해두고 한반도 열차의 플랫폼을 선택해야 할 중요한 과제라고 생각하였기 때문이다.

따라서 한반도 철도가 운행될 전용부두의 안전 측면과 미래 의 한반도를 준비한다는 가정하에 판단하여 플랫폼에서 언급 했던 제1안과 제2안을 통해 한반도 열차의 가치와 효율을 찾아 결정되고 한반도 발전에 원동력으로 나타나도록 선택되어야 할 중요한 정책이 필요하게 됐다.

또한, 컨테이너 운반비에서도 비교되는 것으로 컨테이너 한 개당 해상으로는 2,200달러가 들어가고 화차로 운송할 때는 980달러가 들어가므로 1,240달러 가격 차이는 한반도 물류 운 반에 혁신을 가져올 것이 분명하다.

이와 같은 과정을 살펴본 것은 한반도 열차가 지금까지 섬에서 탈출하지 못하였던 것은 새로운 도전을 선택하지 못했기 때문에 비롯되었다고 보는 것이 옳을 것이다.

오랫동안 섬에 갇혀서 해상으로 운송하는 방법밖에는 달리 선택할 수 없는 환경과 북한에 가로막혀서 대륙으로 갈 수 없다는 고정관념이 섬을 탈출하지 못하도록 한반도 열차의 뇌 구조를 잡아두었기 때문이다. 뗏목을 띄워 한반도 열차를 탈출시켜야 한다는 구상은 이미 17년 전에 세워두었지만 이제야 실천하게 된 이유가 있다. 그것은 러시아 궤도와 다른 한반도 철도와 차이를 어떻게 극복해야 하는지 그 방법을 찾아내지 못하고 허송세월만 보내며 세월을 낚아야만 했다. 그러던 중 철도연에서 개발해 놓은 궤간 가변 대차를 알게 되면서 실행하게 되었다.

이제부터 한반도 열차가 북한과 관계없이 수출입 운송에서 부산역을 기점으로 시베리아횡단과 중앙아시아를 달려 나가는 2원 구조를 갖고 정확하게 파악하여 충분한 노력이 따른다면 한반도에 물류 허브가 갖춰지고 새로운 물류 운송과 배송 시스템 속에서 관광 사업 국제화를 통해 관광 대국의 꿈을 찾고 경제 영토가 확장되리라 확신하게 됐다.

13.
미래 한반도 물류 운송과 배송 및 국제 관광의 대중화

✎ 한반도 열차가 시베리아를 달려 나가기 위해서 러시아 철도 및 항만청과 긴밀한 협조가 필수적이다. 그리고 열차 운행에 필요한 항만 시설 건설, 기지창 건설, 항만과 기지창 건설에서 열차 효율화 등 한반도 열차 목표와 부합되어야 한다.

따라서 한반도 물류 운송과 한반도를 중심으로 국제 관광을 대중화시키려면, 일관성 있고 장기적으로 한반도 열차가 지나는 도시마다 생활권을 중심으로, 중요 물류 거점을 만들고, 물류 네트워크를 구축하여야 한다. 그리고 유럽과 중앙아시아, 한반도와 연결하는 문화 교류는 국제 교류를 증대시키고 상호 협조하며 진전시킬 때 새로운 물류 시스템 속에서 국제 관광이 촉진될 것이다.

14.
물류 운송의 배송과 관광의 대중화

✒ 고대에서부터 시작된 물류 운송의 시작은 인간의 욕망을 담아서 해상을 통해서 국가 간 교역으로 활발하게 연결하며 생존 차원에서 연결하고 확대되어왔다고 여겨진다.

그리고 드넓은 바다를 개척하면서 신대륙이 발견되고 문명국가에 의해 원주민의 약탈과 침탈에 수난을 겪으며 정복되고, 식민화되면서 온갖 핍박 속에 영웅들에 의해서 독립을 쟁취하고 세계 1차 전쟁과 2차 전쟁을 거치며 세계가 공산과 자유 진영으로 양분되어 이념과 체제 경쟁이 심화되어 인간의 존엄성마저 위협되었지만 1991년 구소련의 몰락은 동유럽과 중앙아시아 등 소련의 지배를 벗어나 독립국가로 탄생한 것이다.

한편으로 일어난 산업혁명은 상품을 대량으로 찍어 내어 국가 간 물자 교역을 증대시킴으로 수출과 수입이 필수적으로 수반되고 이에 바다 항해 기술이 집합된 조선 기술이 발달할 수 있었으며, 그 기술이 대한민국의 조선 기술로서 세계를 선도하고 있다. 특히, 국가 간 수출입 교역은 해상을 통해 상품을 충분하게 운송하고 있지만, 급박한 수송 물자는 항공기를 통해 의존하고 있다고 판단된다.

이미 유럽에서는 철도를 이용하여 출퇴근이 일반화되어있으며, 코레일 고속 열차로 국내 출퇴근이 가능하다는 분석이다. 또, 화물 운송에서 도로 운송과 철도 운송으로 구분되어 역할이 분담되어 화물 운송 체계가 갖춰져 유지되고 있는 것이다.

따라서 일반적으로 상품을 공장에서 만들어 화물차에 싣고, 부산항만 컨테이너 보관소에 집합하여 컨테이너 운반선에 화물을 실은 다음, 항해하여 유럽의 거점 항구에 도착하여 대기하고 하역을 한 다음 화물차에 싣고 원하는 국가에 배송되기까지 시간을 추정한다면 불필요하게 많은 시간을 컨테이너 배에 상품을 싣고 내리는 데 허비하고 있다고 판단된다.

하지만 한반도 열차가 운행한다고 가정할 때, 토크 물류센터에서 화차에 신속하게 컨테이너를 실을 수 있는 시스템으로, 바로 부산항 열차 운반선으로 집합하여 동해를 가르고 대륙 횡단을 통해 운송하고 각 국가에 물류를 떨어뜨리는 배송 시스템을 갖추어 나간다면 물류 운송에서 혁신이 일어나고 대한민국이 선도하는 물류 운송 체계가 갖춰지는 것으로 추정하는 것이다.

따라서 수출입 운송에서 한·러 열차가 주도한다면 물류 허브 국가로 명실상부하게 변화되는 모습에서 열차 운반선이 분단을 극복하고 세계 철도 흐름을 주도할 수 있도록 능동적으로 추진할 필요가 요구되는 것이다.

이는 1937년 구소련 정부는 연해주에 살고 있던 고려인 18만명을 열차에 싣고 몇 날 며칠을 달려가서 중앙아시아에 짐짝 버리듯 하차시켰던 것이다. 그 당시 아무런 연고도 없이 황무지 땅을 맨손으로 일궈내고 삶을 지켜냈던 고려인 후손들이다. 이는 고려 후손들에게 자존감을 찾아주고 민족적 긍지를 갖게 하는 고려 산업 단지를 건설한다면 한반도 열차의 중간 거점 도시로 중앙아시아 국가들과 더불어 발전할 수 있는 요소로 창의적인 상상이 기대되는 곳이다.

이같이 한반도 열차가 철의 실크로드 길 중앙아시아를 관통하는 데 그치는 게 아니라 그들과 함께 호흡하고 있어 역할과 꿈이 될 것이다. 기후 문제에 대처하며 인류와 함께 상생하는데 꿈이다. 또, 중앙아시아는 한반도 열차의 중간 기착지로 부산항과 유럽의 중간 지점에 위치하여 장기적인 측면에서 물류 핵심 기지를 갖추어 간다면 어시스트 역할로 충분한 환경적 조건을 갖추어 가는 모습이 기대된다. 페르시아만으로 연결된 사통 팔통의 교통망과 풍부한 자원은 생산되는 농산물은 무역 상품으로 매력적이기 때문에 수출입 무역에서 높은 성과를 내게 될 것이다.

한편 유럽은 단일 생활권으로 관광이 일반화되어 철도를 이용하여 여유로운 관광을 누리고 있다는 점이다. 비싼 항공료보다 저렴한 철도 여행은 언제든지 목적지 도착하기 전에 필요에 따라 내릴 수 있는 장점이기 때문에 창 넘어 지나가는 대자연의 눈요기는 철도 여행의 덤이다.

그리고 오늘날 스마트 폰의 진전은 개인 생활이 더 풍부한 상태로 정보 획득이 가능했을 뿐 아니라, 상품 구매와 감시 기능을 손에 들고 있으면서 새로운 정보 기술을 찾고 원하는 것을 얻는 것이다. 이러한 정보의 홍수 속에서 생활 문화를 찾고 지적 활동을 통해 자기실현을 찾기 위한 세계 여행의 욕구가 충족되어 관광 교류가 철도를 중심으로 일어나기를 기대한 것이다.

그리고 오래전부터 관광 선진 국가의 입지를 다져온 프랑스, 스페인, 이탈리아, 영국 등은 역사와 문화 예술을 뛰어넘어 그 나라 자연까지 보존하며 활용하고 관광자원화하고 있다.

이렇듯, 관광 선진국들은 기본적으로 좋은 환경의 관광 인프라가 갖추어 있으므로 관광 선진국의 길을 걷고 있다. 이 때문에 대한민국은 한반도 열차를 통해 관광 선진 국가의 새로운 구상을 모색하여 바람직한 과제를 요약해서 찾게 되었다.

첫 번째는 항공료보다 저렴한 열차를 이용하여 러시아 역사와 문화, 대자연의 장엄한 시베리아 횡단 자체가 관광자원이며, 두 번째는 중앙아시아의 다양한 문화와 옛 선인들이 개척해온 실크로드 길을 철의 실크로드 길로 바뀌어 간다면 관광자원화 될 수 있다는 점이다.

세 번째는 위의 첫 번째와 두 번째를 한류 문화와 결합하여 유럽에서 한반도까지 열차 여행이 지속 가능하도록 확보되는 것이다. 열차 운반선에 맞는 항만 구조를 갖추어 러시아 광궤에 맞는 한반도 열차가 부산역까지 들어오는 과정이 냉정하게 분석되어 한반도 열차가 운송된다면 한반도 분단을 극복하기 위한 선택에 의해서 필요한 시점이 될 것이다.

네 번째는 한반도 열차가 두만강 주변 핫산항에서 대륙을 매일 출발하여 질주하는 측면에서 북한 당국의 의식구조를 변화의 물결로 이끌어낼 수 있는 가능성에 초점을 두고 참작하여 추정하게 된 것이다.

따라서 한반도 열차가 북한 철도를 충분히 활용할 수 없다면 외딴섬 한반도 고립 상태를 벗어나도록 노력해야 하는 것이다. 지금까지 대륙의 접근성이 제한되었던 고정관념을 세계 최고 수준 조선 기술로 뗏목을 만들어 한반도 섬에서 탈출하려는 노력이 필요하게 됐다. 한반도 분단에서 파생된 민족적 비극을 한반도 열차를 통해 시베리아 대륙을 달려 나가므로 유럽 문화와 더 가까이 접근성을 갖추고, 물류 운송과 관광 분야에서 혁신적인 변화를 만들어 내어 새로운 문화가 창조될 것이라는 예측이 가능해질 것이다.

15.
미래 한반도 열차의 모습

✍ 미래 한반도 열차는 우리가 상상하여 그 렸던 북한을 경유하여 시베리아를 달려 나가는 열차가 아니다.

이 땅에서 같은 민족이면서 언어가 같고, 문화도 동일하면서 동족으로 신뢰에 바탕을 두고 인간성 측면에서 함께 동질성을 회복하며 동행해야 하는 것이다. 체제가 다르고 통일은 아니더라도 미래 한반도 방향성에서 협력 체제를 구축하여 나가므로 한반도 평화가 정착되고 공동 번영의 길이 모색되어야 할 것이다.

따라서 한반도 열차가 구체적으로 우회할 수 있는 측면은 우리나라 중소 도시의 우회 도로를 예를 들었지만, 차량을 배로 비틀어서 우회할 수 있다는 것으로 차량과 배라는 사실의 차이점밖에 의미는 없는 것이다. 또, 철도와 조선 기술의 만남은 새로운 융합 기술의 발달과 항구에서 철도가 연결되는 것으로 한반도 열차가 시베리아 대륙을 횡단하는 모습을 상상하게 된 것이다.

16.
날아라 한반도 열차

✒ 1991년 12월 구소련 정부가 해체되면서 등장한 동유럽 국가와 중앙아시아 국가들은 독립을 찾게 되었다. 하지만 한반도만이 유일한 분단국가로 남게 되어 민족적 비극은 아쉬움으로 남았지만, 통일을 대신해서 구소련 위성국가와 새로운 수교를 맺음으로 남북한의 이념 경쟁 체계를 끝내고 세계 시장 개척에 발 빠르게 대응해갔다.

러시아와 수교 당시보다 무려 25배의 무역 규모가 커져있지만, 여전히 땅덩어리에 비해 작은 규모의 무역 거래가 이루어지고 있다는 점이다.

다른 한편에서 공산국가의 몰락에서 오는 틈을 이용하여 우리 수출 산업의 다양화를 촉진하면서 유럽에 생산 기지를 갖추어지도록 환경을 개선하여 획기적인 변화를 초래했다.

이미 구소련이 붕괴되기 전부터 한반도는 미국, 중국, 일본, 소련 등 4대 강국에 끼어있으면서 호랑이 등에 타고 생존경쟁을 벌이면서 왔지만, 어렵게 유치한 88 서울 올림픽을 성공적으로 치를 수 있었던 배경에는 분단의 아픔을 극복하고자 평화 올림픽 슬로건을 내걸고 올림픽 유치에서부터 개최까지 열정을 다해 노력했던 부분이다.

이전 1980년 모스크바 올림픽과 1984년 LA 올림픽의 반쪽 올림픽을 극복하고자 IOC가 서울 올림픽에 많은 공을 들였으며, 정부와 체육 관계자들도 혼연일체가 되고 국민의 자율 봉사가 열성적으로 참여하여 만들어 낸 서울 올림픽 작품이 탄생한 것으로 판단된다.

그리고 2002년 한·일 월드컵은 신화를 만들어 냈지만 분단이라는 한민족 멍에는 민족을 휘감고 있어 실향민에게 몇 차례 상봉은 의미가 없이 안타까움만 더해가고, 한반도 열차는 여전히 북한만 바라보다 대륙으로 달려가지 못하고 덩그러니 한반도 길목에 서성이고 있는 것이다.

동방에 해 뜨는 나라 무역 규모가 세계 8위의 수출 국가로 거대한 아시아 대륙에 붙어 있으면서 섬이 아니면서 섬이 되어 버린 채로 하늘길과 바다의 통로로만 이용하는 운행 체계의 한계를 극복하지 못하고 있는 것이다.

특히 아시아 수출 국가인 일본, 대만, 싱가포르, 중국 등 국가별로 유럽까지 컨테이너 운반선에 의존하여 해상으로 운송하는 측면은 동일하게 경쟁하고 있는 셈이다.

이러한 관점에서 한반도 열차가 섬을 탈출하여 시베리아 대륙을 횡단하고 달려 나가는 전제 조건은 대한민국 무역이 수출입을 통해 경쟁 국가보다 경쟁력을 갖추는 것이고 물류 운송과 관광 분야에서 가치를 지속 가능하도록 높이는 데 그 배경이다. 또 다음 세대에게 새로운 기회가 갖춰지도록 기반 조성이 충분하게 담보되어 발전한다면 한반도 열차가 선도할 것으로 판단된다.

그리고 해상의 컨테이너 운반선보다 훨씬 빠른 철도로 운송 비중이 점차 증대되어 확대되어 간다면, 한반도가 물류 허브 국가로 전환되는 것을 의미하며, 관광 분야에서도 한반도 열차가 지나가는 중요 도시나 국가를 바탕으로 문화 교류와 인적 교류 등 국제 교류 형태로 진전되어 국제 관광 시대가 기대되는 것이다. 또한, 역사적으로 중앙아시아는 동서양을 잇는 실크로드로서 한반도 열차가 철의 실크로드 길로 대체되고, 경제 협력을 바탕으로 번영의 길을 찾는 노력이 중요한 과제이다.

이는 대륙에 깊숙이 자리 잡은 중앙아시아 철도가 동해의 푸른 바다와 만나는 관례는 서로 치열하게 경쟁하는 것이 아니라 서로 부족한 것을 채워주는 역할로 아름다운 동행이 될 것이다.

그러면서 몽골 수도 울란바토르까지 한반도 열차 드나드는 노선을 만들어 달려 나간다면 대한민국과 몽골의 협력 관계는 더 많은 기회를 제공하여 인적 문화 교류 및 관광 교류의 폭도 증대되어 갈 것으로 판단된다.

13세기 초 테무진에 의해 몽골이 통일되면서, 44세의 태권이 되어 칭기즈칸이란 칭호로 불리게 됐다. 이는 대 몽골 제국이 출범했다는 의미로서 칭기즈칸은 기마 군단을 이끌고 영토 전쟁에서 적들을 궤멸시키며 승승장구하였으나 1227년 66세로 생을 마감했다.

그 후 셋째 아들에 의해 유라시아, 동유럽, 시베리아, 페르시아만까지 세계 최대 제국을 건설했다. 대몽골제국은 4대에 걸쳐서 아시아에서 유일하게 일본과 베트남을 제외하고 아시아 전 국토와 유럽 영토까지 인류 역사에 남는 대제국을 완성했다.

아이러니하게 원나라는 고려를 침략하여 수십 년 동안 침탈과 약탈당하는 악연을 견디어 내면서 교류가 이루어졌다. 이렇듯 고려를 정복한 원나라는 수십 년간 인질로 잡아가고 약탈하며 괴롭혔다. 이 전쟁으로 피폐해진 고려 조정은 민심을 다스려 국난을 극복하고자 마지막 수단인 불심으로 몽골 군을 물리치려고 팔만대장경을 만들어 냈던 선조들의 위대함은 빛을 발하고 이를 보존하기 위해 헌신하였던 선조들의 지혜가 770년 동안 문화재를 빛나게 이어져 왔다.

이 같은 해인사 팔만대장경은 고려 1237년 고종 때 시작하여 16년에 걸쳐 완성됐다. 이는 선조들의 위대한 상상과 창조력이 유네스코에 등재되어 세계 유산으로 등재되어 공유되는 것이 대한민국 역사로서 빛나고 자랑스럽게 됐다.

그리고 공산 체제가 붕괴되면서 몽골과 새롭게 시작된 협력 관계는 희망의 가능성을 제시해주고 있다.

이렇듯 모든 분야에서 협력을 넘어 고비 사막에서 부는 모래바람이 한반도까지 영향을 미치게 되었다. 이에 대응하기 위해 고비 사막에 숲을 조성했던 경험을 공유하며 서로 가까이 다가서게 되었던 부분이다.

이러한 신뢰관계를 바탕으로 한반도 열차가 구소련이 부설하였던 철도망을 사용하여 몽골을 정기적으로 드나드는 체계가 갖춰지면 225,000KM의 광궤철도 선을 궤간 가변 대차 없이 정기 노선으로 드나들어 달려 날아가는 발판이 마련될 것이다. 따라서 한반도 열차가 길이 없는 곳을 개척하고 새로운 길을 만들어 가면서 한반도 가치를 높여 나갈 때, 인류와 함께 주변 국가와 합승하여 동해하고 한반도 열차가 주도하는 새로운 세계 표준을 준비하여 담아내는 역할이 중요하게 대두되었다.

이처럼 한반도 열차가 물류 운송에서 새로운 물결이 파도를 쳐대도 기존 해상에서 누려왔던 귀공자가 부산항에서 유럽 거점 항구 암스테르항구까지 소요시간이 27일 당도하는 시간을 가졌지만, 한반도 상공을 날아가는 누리호가 한반도 철도 공간으로 이동시켜 10여 일 시간으로 단축시켜 물류 운송에서뿐 아니라 관광문화 등 인류사회가 접근하여 경험하고 공유되면서 새로운 Korea 문화가 창조될 것이란 예측을 가능하게 할 것이다.

따라서 해상 바다의 이산화탄소 배출량을 선제적으로 대응하는 차원에서 한반도 열차가 분석되고 평가될 필요가 있다. 이는 물류 운송에서만큼 체인지되고 물류 허브 국가로서 미래 모습을 그려야 하겠다. 또 주변 관련 국가와 합승하여 동행하고 협력하며 인류 사회와 연대하면서 환경 기후에 대응하고 한반도 열차가 선택하여 날아가야 할 한반도 길목에 서있다.

17.
제주 신공항의 미래상

✒ 보물 제주도를 보존하면서 도민의 생활 편의와 관광객 수용에 따른 공익적인 측면에서 제주 신공항이 추진되고 공항 주변에서 난개발이 일어나지 않도록 계획하여 보물섬 환경을 지속 가능하게 지켜나가는 방향에서 건설되어야 할 것이다.

이미 온정리 일대 공항용도 부지는 외지인들에 의해서 투기 대상 지역으로 되었으며, 지역민들은 절대적으로 반대하고 있는 것으로 나타나고 있다. 더구나 신공항 지역 환경 보존가치가 공정하게 평가하지 못하고 변이 형태로 평가하여 눈가림으로 추진되었던 점에서 아직도 과거처럼 탁상행정에서 나오는 정책을 그대로 하려는 발상을 전환시키지 않는다면 대장동 투기세력들을 양산할 수밖에 없는 구조 속에 반복적으로 등장할 것이다.

이렇듯 우리 사회에 만연되어있는 공공주택 공사비리, 대장동 투기비리 등은 투명하게 제공하지 못하였던 정보와 공정성이 담보되지 못하여 투기가 드러나기 시작한 것이다. 수년 전부터 전국에 부동산투기 및 현장에서 건설 담합이라든지 부산. 세종시 등 전국적으로 투기는 뿌리 깊은데 뽑히지 않고 있는 투기참사이다.

따라서 제주 신공항이야말로 도민이 참여하고 편법이 없이 공정한 절차에 따라 보물섬 환경 지킴이 되는 미래공항의 중요성이 커졌다. 이 때문에 남해안 섬과 섬을 잇는 대교, 서해안 육지와 섬을 잇는 대교, 영종도를 잇는 영종대교 등은 20년의 세월이 경과 되었지만 교량 밑의 바다가 오염되었다는 변화는 나타나지 않고 있으며, 교량을 통해 육지와 섬을 연결되는 편의성에 따라 관광이 활성화되고 자원화됐다는 점이다.

이러한 변화를 읽어내어 미래 신공항을 건설할 수 있다면 서귀포 앞바다와 주변을 정확히 파악하고 서귀포 앞바다의 무인도를 활용하여 교량 형태의 활주로를 건설하여 보물섬 환경을 지켜내면서 난개발을 예방하고 비행 소음을 시민들에게 최소화시킬 수 있을 것이다. 그리고 제주도민이 공감하면서 균형적인 발전을 담아낼 수 있다는 부분에서 미래 신공항이 맞이한 중요한 요소가 될 것이다.

18.
제주도 신공항의 새로운 구상

▌신공항 추진 단계에서 나타난 문제점

관광 제주도의 특성을 살리고 포화상태인 제주공항의 약점을 보완하고 부지 선정 과정에서 나타난 주민과의 갈등, 환경보전으로 인한 환경단체의 극심한 반대 등 다양한 문제점을 전혀 배려하지 못하였다는 점은 시사하는 바가 크다. 특히, 환경 영향 평가에서 빠진 항공기 안전과 철새도래지, 주민의 소음 피해는 삶의 질을 현저하게 저하시키는 요인이다. 또한, 겨울철에 눈이 많이 내릴 때는 공항이 폐쇄되어 관광객들과 도민의 발이 묶여 무력감에 빠지게 되는 사실을 상기하지 않을 수 없다.

제주도 성산읍 온평리 일대 부지를 선정해놓고 유네스코가 지정한 인류의 가치인 자연환경의 보존과 철새보호, 삶의 가치를 새로운 관점에서 시험하고 있다. 즉 전형적인 방식 그대로 정책을 밀어붙이기 식으로 가느냐? 아니면 공정한 방식을 통하여 투명하고 바람직한 정책을 추진하느냐의 기로에서 새로운 의식구조를 선택하여야 할 시기가 온 것이다. 미래는 제주 관광산업의 새로운 도전과 변화에 대응하기 위하여 도민의 삶의 질을 향상시키고 관광객들의 항공안전에 바탕을 둔 연결 구조 속에 새로운 구상을 모색해보고자 한다.

▌서귀포 신공항의 새로운 영향

1 장기적인 관점에서 도민과 관광객들의 운송수단인 항공기 안전이 최우선으로 구상되어야 한다.

2 특별자치도인 만큼 공청회를 통하여 민·관이 원활한 소통이 우선시 되어야 할 부분이다.

3 유네스코가 지정한 인류의 자연유산으로서 자연환경의 보전과 인간 중심의 가치에 더 주목하고 자연과 더불어 인간의 존중과 공존하는 공항이 가능하도록 방향이 전환되어야 한다.

4 새로운 공항 건설을 위해서는 가까운 목포항에서 교량 건설에 필요한 구조물을 생산하여 바지선으로 이동시킨다면 공항건설의 공기를 단축시킬 것이다. 또, 건설로 인한 환경의 오염을 막고 주민 소음까지도 최소화하게 되므로 주민

들에게 쾌적한 환경과 민원 해소에 보탬이 될 것이다.

▌미래 신공항의 혁신적인 과제

제주공항은 2~3분마다 항공기가 뜨고 내리기를 반복하면서 나름대로 공항의 역할을 다하고 있다. 즉, 관광객들의 증가로 이미 한계점에 이르러 피로도가 한층 쌓이고 있다. 이 과도한 관광 수요의 증가에 따라 공항의 팽창은 기존 공항의 확장과 새로운 방향에서 필요성이 증대되어왔다. 여기서 후자를 선택하므로 환경파괴, 주민들의 갈등, 주변 소음, 철새도래지 등철새들로 인하여 항공 사고가 빈번해질 수 있다는 문제점이 부각되어 심각한 영향을 미쳤다. 이들 제반 문제점을 해결하기 위한 새로운 방법이 절실하게 요구되었다. 이러한 원인에서 벗어나 보고자 새로운 구상과 구조를 확립하는 형태의 공항을 창조하려는 노력이 핵심 과제가 되었다.

1) 교량 기술의 발전

교량 기술의 발전은 섬과 섬 사이를 연결하게 되었고, 해저터널과 도심 속의 핵심 도로를 해양 쪽으로 과감히 바꾸어 차량의 흐름을 원활하게 만들었을 뿐 아니라 생활 방식마저 크게 바꾸어 버렸다. 그중에 교량 기술의 혁신을 통하여 관련 산업을 발전시켜 왔다. 특히 새로운 기술 혁신은 교량의 길이가 늘어나고 안전성 측면에서 비약적으로 발전하면서 세계 최고 수준에 이르고 있다는 점이다. 이처럼 교량 기술의 발전 통해서 새로운 교량 형태의 활주로 분야에 적용시켜 가능성을 기대하는 것이다.

2) 소득 증대와 관광 수요의 폭증

소득 증대와 글로벌 관광객의 수요가 증대함에 따라 관광객들이 폭증하고 있다. 이와 같은 관광객들의 홍수 속에서 공항을 이용하는 부분이 매우 중요한 문제가 됐다. 이미 공항의 수요가 과밀하게 나타내고 있고 적절한 방법의 일환으로 새로운 형태의 공항 건설을 모색하게 되었다. 이런 상황이 새로운 형태의 구상과 구조를 상상하며 교량 형태의 공항 건설을 창의적인 구상으로 가능하게 만들었음을 상기한다.

3) 서귀포 앞바다의 무인도

서귀포 앞바다는 수심이 얕으면서 섭섬과 문섬, 그리고 범섬 등 무인도가 일자 형태로 자리 잡고 있다. 섭섬과 문섬의 거리는 대략 2.6~3.0km, 문섬과 범섬의 거리는 4.0~4.6km로 추정하며 새로운 교량 형태의 공항 발전 계획을 추구하는 미래의 모습으로 나타나게 될 것이다.

▌미래 서귀포 공항의 모습

미래는 유네스코가 지정한 인류의 자연문화 보존, 철새도래지, 관광객들의 편의와 도민에 바탕을 둔 문화적 측면이 어울려진 새로운 관광산업으로 육성되어야 할 점이다. 따라서 미래의 서귀포 공항은 제주도민의 삶이 질적으로 향상되어 꿈과 희망이 넘쳐나는 사회구조로 변화되어야 한다. 미래 교량 형태의 새로운 공항을 구체적으로 이해하고 여타 측면에서 자연환경의 변화, 철새 보호, 제주를 찾는 관광객들, 도민이 육지를 왕래할 수 있는 편의성, 겨울철 기후 변화에 대한 대응성을 반영할 것이라는 전제 하에 바람직한 신공항의 모습을 그려보고자 한다.

1) 서귀포 앞바다 세 무인도의 변화

보목항 옆에 있는 섭섬, 서귀포 항구 앞에 있는 문섬, 월드컵 경기장 앞바다의 범섬은 도민의 관심과 낚시를 좋아하는 사람들에게서 사랑을 받는 무인도가 분명하다. 이제 오래된 무인도로 소명을 다하고 공항 활주로(비행)에 필요한 거리 3.0~3.5km의 문섬을 축으로 섬과 섬 사이를 교량 형태로 연결하여 새로운 구상의 공항 건설 방안을 모색하는 것이다.

예컨대, 부산의 광안대교, 거제대교, 이순신 대교, 서해대교, 영종대교 등 다양한 교량 공사에서 얻은 풍부한 경험을 바탕으로 교량 형태의 공항 건설이 가능하다는 점이다. 그리고 서귀포 월드컵경기장 앞 방향에서 범섬과 육교를 놓고 문섬을 통하여 서귀포 항구의 중심도로, 섶섬에서 보목항의 외곽도로와 연결하는 가능성을 조심스럽게 예측할 수 있을 것이다.

2) 새로운 구상을 띄게 할 서귀포 신공항

부산 앞바다의 야경을 만들어 낸 광안대교, 거가대교의 풍경을 다른 각도에서 접근하여 상상해보는 것이다. 즉, 서귀포 앞바다에 교량 형태의 활주로를 구상하고 무인도에는 공항 건물이 들어서는 구조물로 새롭게 디자인하는 것이다. 그러면 기존 내륙의 공항과 비교될 뿐 아니라 바다 위에 떠있는 공중부양 형태 공항으로 야경은 최고의 아름다움을 가능하게 만들어 갈 것이 분명하다. 이러한 새로운 구상을 띠게 할 교량 형태의 공항은 제주도민과 관광객들에게 세 섬의 혜택이 돌아갈 것이다.

또, 혁신적인 공항으로 세계적인 공항과 차별화시켜 새로운 롤모델로 등장하게 될 것이다. 따라서 세계적 공항 건설 관련 산업의 발전을 도모하게 될 것이며, 굴뚝 없는 산업을 이끌어가는 분명한 요소가 될 것이다.

3) 서귀포 항구와 교량 형태의 공항

새로운 육교 형태의 공항은 서귀포 항구를 드나드는 배들의 영향을 크게 끼칠 것으로 보인다. 여기서 중요한 이슈는 서귀포 항구를 그대로 살리려는 교량 형태의 공항이다. 즉, 항공기 이륙과 하강에 필요한 거리 3.0~3.5km, 탑승과 항공기 계류장에 필요한 넓이 80m~100m, 공항에 드나드는 차량의 도로 너비 편도 3~4차선, 활주로의 높이 15~20m의 교량 활주로를 어떻게 디자인하여 친환경적으로 설계하느냐의 방향에 따라 항구의 존폐에도 선택적으로 나타나게 될 것이다. 이러한 교량 형태의 공항은 서귀포 항구와 밀접하게 연관되어 관광산업에 보탬이 될 것으로 보인다. 따라서 서귀포 항구의 바다 항로와 교량 형태의 공항이 서로 방해받지 않고 적절하게 운행한다면 안전성 측면에서 높이 평가받게 될 것이다. 이런 새로운 공항과 항구가 유기적으로 결합하여 굴뚝 없는 산업을 추진하는 매개체가 될 것이 분명하다.

▌맺음말

우리는 과거 정부 주도하에 국책사업을 추진하였던 수많은 경험에서 시행착오를 겪은 아픈 경험을 갖고 있다. 이 때문에 적지 않은 폐해를 맛보았고, 그 피해는 고스란히 국민의 몫으로 떠밀려왔다.

앞으로는 정책 집행 과정에서부터 공정한 점검시스템이 도입되어야 하는 점이다. 국가의 다양한 정책을 생산 가공하는 것은 결국 미래 국가 발전과 국민을 위하여 바르게 진행하는 과정일 뿐이다. 이 새로운 정책을 입안하여 보호하고 걸러지고 바람직하게 전개하기 위해서는 사회 각 분야에 공정한 시스템이 갖춰지도록 노력해야 할 것이다.

따라서 신공항 정책을 올바르게 이해하고 이끌어 가기 위해서는 당사자들의 노력만으로는 안 된다. 정부와 제주도의 원활한 협조 체제 속에 신공항을 맞이하는 제주 사회의 구성원들과 원활한 소통이 필요하다. 그리고 새로운 구상으로 디자인한 교량 형태의 가상 공항을 5G를 활용한 설계와 다각적인 방법으로 평가하고 시뮬레이션을 통해서 창의적인 발전 방향을 모색해나가야 할 것이다.

19.
한반도 통일 운동에 대한 개념 정의

✒ 1894년 1월 고부에서 발생한 동학 농민군을 조선 정부는 힘으로 제압하려고 총과 대포까지 무장하여 정부군을 내려보냈으나 연패하며 전주성까지 농민군이 점령하자 다급하게 청군에 파병을 요청했다. 이에 전주 화의를 통해 휴전을 하였지만 이때까지 농민이 성공한 동학 농민운동이라 평가해야 할 것이다.

전봉준. 김계남. 손학중 등 농민지도자들은 소통과 교류. 상호 간 협력을 통해 운동을 이끌었고, 배려 속에서 전주화의를 통해 집강소 설치와 12개 조로 된 폐정 개정안을 농민들에 의해서 실천됐다는 데 의미가 있다.

1919년 기미년 3·1 만세운동과 독립 선언서 낭독은 한반도에서 나라를 찾으려는 일념에서 애국 열사들을 구심점으로 만세운동이 일어나고 33인의 애국지사들에 의해서 대외적으로 독립을 공표하였다. 이는 3·1 만세운동과 독립선언서를 기초로 하여 40일 후에 상해 임시정부가 탄생하게 된 배경이다.

이는 3·1운동의 태극기를 만드는 과정과 전국으로 배송하는 과정을 소통과 교류 속에서 협력하였고, 배려 속에서 일본인들의 눈을 속이고 따돌리며 숨 가쁘게 2월 28일까지 독립운동 과정이라고 확신하게 되었다. 또 독립 선언서 역시 다양한 종교가 참여하였던 만큼 일본의 눈을 피해 모임을 갖게 되어 초안을 만들고 결정문이 완성되기까지 과정이 소통과 교류이며 협력하고 배려하는 과정 속에서 결과물을 낭독할 수 있었다.

이렇듯 3·1운동과 독립서 낭독의 결과물이 독립운동 과정이 시작이었으며, 상해 임시정부 역시 임정 요원들에 의해서 치밀하게 계획하고 설계하여 결과물을 얻어내기까지 소통과 교류를 하고 서로 협력하며 배려하는 과정에서 선택하고 결정되어 가면서 결과물을 얻게 되었던 것이다.

3·1 만세운동 직후 나타난 임시정부는 한반도와 대외 망명 정부는 6개 이상 됐으나 상해 임시 정부를 통해서 통폐합되어 왔던 것으로 여겨진다.

20.
동학 농민의 사발통문

    ✒ 사발통문은 동학 농민의 주모자를 찾을 수 없도록 하기 위하여 사발을 엎어서 그린 원을 중심으로 여러 사람의 이름을 적은 통문으로, 처음 농민 운동이 시작된 고부에서 사용한 것이다. 그 속에서 농민의 소통과 교류가 이루어지고 농민 지도자인 전봉준, 손학중, 김계남 등 상호 간 협력하면서 배려하고 전라도를 넘어 충청, 경상, 황해, 강원 등 전국적으로 확대되며 주도했던 부분이다.

  처음 시작한 1894년 1월 탐관오리 조병갑을 몰아내면서 1차 농민운동이 시작되고, 전봉준에 의해서 고창에서 4,000여 명의 농민들이 점차 불어나 부안 점령 시 8,000여 명에 이르게 됐다. 4월 들어 각지 수장과 함께한 전봉준, 김계남, 손학중과 연합한 농민군은 황초현(접읍)에서 감영군을 대파한 것이다.

이에 놀란 조선 정부는 대포와 기관총으로 무장한 정부군을 내려보냈지만 농민군은 황토초(장성)에서 정부군을 물리치고 4월 27일 전주성까지 점령한 것이다.

이렇듯 남쪽에서 농민 운동이 심각해지자 조선 정부는 다급하게 청나라에 구원을 요청하여 5월 초 청나라군이 당도하였고, 덩달아 일본군도 텐진 조약을 빌미로 군대를 파견한 것이다. 이에 농민군은 5월 7일 전주성에서 화의를 맺고 물러났지만 일본군은 조선을 철수하지 않고 조선 정부를 간섭하면서 침탈의 야욕을 드러낸 점이다.

그리고 전주화의에 의해 합의된 집강소 설치와 12개 조로 된 폐정 개정안이 전라 지역 일대에서 실천됐다는 것이다. 폐정 개정안에는 조세제도 개혁, 신분차별 철폐, 일본 침략 반대, 토지 제도 개혁 등 조선 사회 전반에 깔려있는 지배층과 차별에 관련하여 개혁하고자 했던 간절한 열망이 담긴 폐정 개정안이 조선 말기 농민운동에 의해서 주도된 것으로 조선 정부를 전복시키기 위한 것이 아니라 피폐한 농민들의 살아가려는 처절한 몸부림 속에서 시작된 농민운동이라는 점이다.

하지만 조선 정부는 지방의 구석구석까지 부패한 원인조차 파악하지 못하고 백성을 힘으로 제압하려고 요청해 와있던 청나라 군과 일본 군에 철군을 요구했지만, 일본군은 경복궁을 점령하면서 노골적으로 야욕을 드러내기 시작하였던 시기이다.

이에 격분한 농민 지도자들은 연합부대 결성에 합의한 후 논산에 집결하여 서울로 북상하던 중 공주 우금치 전투에서 패배하여 병력들이 상실되고 전봉준, 김계남, 손화중 등 농민군 지도자들이 체포되어 처형됐다.

여기서 짚고 넘어가야 할 부분은 조선 말기의 지배 계층은 한반도 농민들을 갈취하기만 하였지 민심을 읽어내지 못하고 힘으로 제압하려고 총과 대포까지 동원하였던 발상이 위기를 스스로 자처했다고 볼 충분한 이유가 될 것으로 판단된다.

이 같은 역사가 흘러 신군부는 5·18 민주화운동을 계엄군에 의해서 무참히 군홧발로 짓밟고 진압 과정에서 계엄군을 통해 광주 시민들에게 총부리를 들이대고 무참한 사상자를 내고서야 정부를 도적질했다면, 과거 조선 정부는 일본군과 정부군 및 지배층과 함께 연합하여 진압 작전을 전개하여 한반도에서 피바람을 불게 만들었고 일본의 침략이 시작된 시점일 것이다.

이렇듯 조선 정부는 근대 개혁을 하고자 갑신정변을 주도한 꿈이 무산되고 삼일 천하로 끝난 것은 한반도 백성과 함께 가려는 새로운 꿈이 아니라, 지지계층 없이 특권세력만 위한 귀족들이 1884년 일으킨 반란은 지배 계층의 발목을 잡았던 것으로 판단된다. 이같이 조선 정부는 부패하고 무능하여 썩어가는 지배 계층을 개혁하지 못하고 있을 때, 동학교단은 교단을 정비하며 교조신원운동을 1892년 삼례에서 개최하고 교세를 급속히 확장시키는 계기가 됐다. 그리고 다음 해 1893년 보은 집회를 통해 동학 교조의 탄압을 중지하는 상소를 올리게 됐다.

이로써 보은 집회를 통해 농민운동이 진보하고 계몽되면서 전국적으로 농민들 사이를 친숙하게 다가가기에 충분했다. 이러한 통학의 교조신원운동은 농민의 소통 창구로 이용되며 동학 농민들끼리 교류와 협력이 가능하도록 전국적으로 확대할 수 있는 기반이 충분하게 갖춰지는 환경에 동학농민운동의 바탕이 된 것이다.

이듬해 1894년 고부에서 시작된 농민 운동에서 전봉준, 김계남, 손화중 등 지도층의 소통과 교류를 통해 협력하면서 전주성까지 점령하여 승리했다고 판단된다. 그리고 전주화의에 따른 집강소 설치와 12개 조로 된 폐정 개정안이 농민에 의해서 실천되고 확인한 것이다.

비록 동학 농민의 운동은 실패했다고 할지라도 조선 반도의 국민 의식이 깨어나고 있었으며 그것은 3·1 만세운동에서 보여준 독립운동의 도화선이 된 배경일 것이다.

그리고 4·19운동 6월 민주화운동과 5·18 광주민주화운동으로 계승·발전하고 촛불운동으로 승화되었다고 판단해야 옳을 것이다.

21.
3·1 운동과 임시정부

✎ 우리 민족이 일본에 의해서 강점되어가던 구한말부터 시작되었던 의병 활동과 1910년 한·일 합병으로 인해 수많은 독립운동을 가졌던 선조들의 숭고한 독립운동 정신이 담겨있다. 그리고 뜻이 있는 지인들과 함께 교류하고 소통하면서 한반도 미래에 대하여 논의되고 친분을 쌓으며 나라를 찾고자 독립 의지를 다지고 꿈을 키웠던 것으로 마침내 1919년 3월 1일 만세운동과 독립 선언서를 선포하게 됐다.

이 3·1운동과 독립선언서에 기초하여 상해 임시정부가 만들어지고, 일본에 조직적이고 체계적으로 대응하고 전술적으로 더 정밀하게 대처하여 나라를 찾겠다는 독립 의지를 담은 열망을 대외적으로 천명하고자 같은 해 40여 일 지나서 1919년 4월 11일 상해 임시정부가 탄생하게 된 배경이 됐다.

이러한 3·1운동 정신과 독립선언서 선포 및 상해 임시정부의 독립 정신을 계승하고 발전시키는 것이 한반도 통일 운동이며, 하나 된 한반도를 만들어 가는 과정에서 개념 정의를 통해서 남북한 지우기 소통과 교류가 자유로워지고 협력이 활발해지도록 그 목적을 갖게 됐다.

그러나 아직까지 한반도 통일 운동에 대한 명확한 개념이나 정의가 없다 보니 분단 후 피상적인 인식에서 출발한 통일 운동은 지금까지 능동적으로 견인할 수 없도록 이념적 성향과 환경 조건이 다르게 작용되었으며, 정치적 편향에 따라 남북 관계 방향과 역할이 극명하게 구분되어 정책 혼란이 증가되어왔다. 이 때문에 통일 운동에 대한 개념 정의가 매우 중요한 덕목으로 생각되어 다가왔으며, 여야를 넘어 남북한이 민족의 뿌리이면서 근원인 하나 된 인식을 통해 지속 가능한 정책을 마련하고 일관된 정책을 추진하기 위한 개념 정의가 필수적으로 정립되어야 미래 하나 된 한반도 모습을 찾는 충분한 역할을 기대할 것이다.

광복이 후 한반도가 분단되고 6·25 사변의 비극을 겪고 난 정부는 반공과 멸공을 외쳐가며 체제 경쟁이 가속되고 온갖 구호로 궐기에 시달려왔다. 어느새 보안법은 국민을 통제하는 수단으로 사용하면서 독재 권력은 민주화운동을 탄압하며 진압하고 그 권력을 유지·보수하는 데 급급하여 최루탄이 날아다녔다. 그리고 국민 곁에는 소리 없이 다가온 보안법은 안성 맞춤 법으로 자리 잡게 됐다.

따라서 자유당 부정선거, 유신독재, 신군부로 이어졌던 권력은 남북 소통과 교류보다 젊은 학생들이 요구해왔던 민주화운동을 억압하며 탄압하고 정권 재창출을 위해 꼼수에 공들이며 상상할 수 없는 무리수를 가하였다.

이러한 환경 속에서 어떠한 상상으로 새로운 남북 관계에 대한 명확한 개념 정의를 내릴 수 있었는가 하는 부분에서 분단의 아픈 비극을 주체적이고 능동적으로 극복할 수 있는 올바른 의식구조가 형성되도록 필요했던 요소이다.

그러나 그 당시에는 자유와 공산 체제로 이념 경쟁 체제가 심화되었던 부분은 한계로 지적될 수 있으나, 동서독에서는 서신 거래와 TV를 교차로 방영할 수 있도록 정치력이 내부 갈등을 극복해내면서 새로운 의식구조를 만들어 냈던 부분이다.

그러나 대한민국은 정치력이 없다 보니 한반도 미래에 대하여 생각하지 못하고 외면한 채 독재 권력의 특권인 비자금을 천문학으로 끌어모으고, 공수표를 남발하며 권력형 비리는 계속 누적되고 개인 곳간은 두둑하게 채워갔던 것이다.

이러한 독재 권력의 병폐 속에서 나타냈던 통일 운동이라고 거든다면 아마도 「우리의 소원인 통일」이라는 노래를 부르며 각종 행사장에서 울려 퍼지게 하여, 국민의 귀를 달갑게 만들고 눈을 멀게 하면서 진통제를 투여하여 국민의 뇌조차 언론을 통해 세뇌시켜 갔으며, 그 증상이 심각할 정도로 나타나고 있다고 확인되는 부분이다.

이 같은 문제 제기를 통해서 하나 된 한반도를 반대하는 의식구조를 변화시키지 못한다면 '한반도 통일은 요원할 수밖에 없다.'라는 분단의 시간이 더 노쇠해져 감으로 지체할 여유가 없게 됐다. 이 때문에 우리 독립운동 역사를 인용하고 선조들이 남겨주었던 숭고한 독립 정신을 적용하여 통일 운동에 대한 개념 정의를 통해서 한반도 대문을 열기 위한 염원을 담게 되었다.

첫 번째는 1919년 3·1 만세운동과 독립선언서 낭독은 그 당시 매우 충격적인 사건으로 이미 독립선언문은 역사적 사료로 귀중한 가치로 입증됐다.

그러나 독립운동 역사에서 간과해서 안 되는 3·1 만세운동의 준비 과정과 33인 애국지사분들의 '소통과 교류 및 협력과 배려' 과정이 빠져있는 것이다. 1910년 한·일 합병에서 1919년 3월 이전까지 독립 선언서가 만들어져 선포하기까지 과정도 매우 중요하다고 판단됐다.

이처럼 태극기를 만들어 내고 다양한 종교 지도자들이 서로 소통하고 교류하면서 협력을 이끌고 배려하며, 일본 사람들의 눈을 피해서 보안을 유지하고 초안문을 만들어 조율하여 독립선언서 결정문이 완성하게 된 것이다. 마침내 1919년 3·1 만세운동과 독립선언서를 낭독할 때까지 과정이 우리 독립운동 정신의 근본이 되어온 소통과 교류이며 나아가 서로 협력하며 배려하였던 것으로 개념 정의를 하게 되었다.

두 번째는 우리 독립 사에서 현격한 업적을 남겼던 최재형 선생께서 남겨놓은 독립운동의 많은 씨앗 중에서 한 가지만 적용시키려던 부분이다. 최재형 선생께서 기업가로 쌓아두었던 재산을 독립운동에 쓰면서 다양한 독립운동의 씨앗을 뿌리면서 활동하였는데, 그중에서 블라디보스토크 항에서 1차대전을 끝내고 본국으로 철수하던 체코 군단의 무기를 구입하여 만주까지 옮겨 갔으며, 그 무기를 가지고 봉호동 전투를 1919년 6월 홍범도 장군, 최진동 장군이 연합하여 일본군을 대파하였고, 청산리 전투에서 김좌진 장군이 이끄는 독립군에 의해서 일본군과 전투를 벌여 승리한 것으로 상해 임시정부가 세워지고 독립군이 양성되어 조직적으로 대항하며 전투를 벌였던 것은 독립군 사기에 큰 영향을 미치게 됐다.

여기에서 선생께서는 정신적·심리적 압박감을 떨쳐내면서 조선 독립의 절박한 마음에서 기업가의 정확한 판단과 전력으로 러시아 블라디보스토크 시당국, 선교사, 기업가 등 다양하게 소통과 교류 및 협력을 통해 철수하는 체코 군단에서 무기 구매를 이끌어내어 독립군이 제대로 된 병기를 갖추게 된 점이다.

세 번째는 3·1 만세운동과 독립선언서를 기초로 하여 상해 임시정부 수립을 선포하였으나 1919년 3·1운동 이후 제일 먼저 탄생한 임시정부는 블라디보스토크 소재 국민 회의다. 1919년 3월 17일 안중근 의사와 최재형 선생께서 주도적으로 설립됐다. 그리고 1919년 4월 11일 상해 임시정부가 탄생하고, 한성 임시정부는 1919년 4월 23일 다소 늦게 선포하였지만 13도의 대표자 대회의 정식 절차를 거쳐 한반도 안에서 수립됐다는 측면에서 정통성이 높게 평가되는 임시정부다. 당시 6개 지역 이상에서 임시정부가 건립되어있었으나, 이 가운데 상하이, 러시아, 서울의 3개 지역에서 설립된 상하이에 집결, 1919년 9월 15일 통합 임시정부를 구성하고 1945년까지 광복정책을 집행했다. 이는 상해 임시 정부로 통폐합할 수 있었던 원인은 조선 반도의 독립 의지와 욕구가 반영되었던 것으로, 임시정부 간 소통과 교류를 통해 협력을 이끌어 가면서 배려 속에 상해 임시로 통합되어 갔던 점이다.

지금까지 독립운동에서 인용된 공통점은 결과를 얻기까지 과정에서 어려움이 닥친다고 하더라도 소통과 교류 속에서 협력하며 배려하면서 결과를 얻어냈던 소중했던 과정이다. 그래서 한반도 통일 운동에 기본이 되어가는 근본을 찾아 나서야 했다. 이 때문에 '미래 한반도 통일 운동의 근본은 무엇일까?'라는 의문점에서, 우리 조상들이 남겨주었던 숭고한 독립운동 정신을 계승 발전시키는 것이 통일 운동의 씨앗으로 남북한이 서로 소통하고 교류하면서 협력 사업에서 배려되어야 하는 생각이다.

　이는 처음 국가 관례를 수립할 때에도 특사를 통해 소통하며 교류를 통해 회담을 갖고 협력하는 과정으로 진전되어 가는 것이다.

　그리고 사람과 사람의 관계에서 처음 만나는 사람이나 오래된 만남도 소통에서 시작되는 것이다. 다음에 빈번한 교류 속에서 협력 시대가 성장해갈 것이다.

　하지만 같은 언어와 문화를 가지고 있으면서 부모 형제간에 헤어지고 소통과 교류가 없어지면서 이산가족 상봉 중단은 남북 협력 사업의 중요한 과제가 된 것이다.

　이같이 통일 운동에 대한 개념 정의를 통해 남북한이 소통과 교류가 활발해지고, 협력 사업으로 확대할 수 있도록 배려되고 신뢰가 충분하게 쌓여야 내부 갈등을 극복하게 될 것이다.

과거 3·1 만세운동은 온 국민이 태극기를 들고 거리로 나와 독립 만세를 불렀던 만세운동이다. 그리고 한반도 독립을 위하여 민족 대표 33인이 모여 독립선언서 낭독은, 이를 바탕으로 상해 임시 1919년 4월 11일 프랑스 조계지에서 지역 동포들과 신한 청년당이 주축이 되어 29인의 임정원이 모여 '대한민국'이라는 국호를 정하게 되었다.

따라서 망명 정부의 탄생은 국가 조직으로 일본 정부에 강력하게 한·일 독립운동을 전개하기 위한 포석으로 대외에 천명하고 미국, 독일, 영국, 프랑스 등의 조계지가 있는 상하이는 상해 임시정부가 외교 활동하기에 능동적으로 대처할 수 있으므로 이들 국가와 교류와 협력이 필수적으로 매우 중용한 역할이 되었을 것으로 판단된다.

이러한 조상들의 숭고한 독립운동 정신이 한반도 통일 운동으로 계승되고 발전하지 못한 것은 안타까운 일이 되었지만, 지금부터라도 성찰하여 하나 된 한반도를 만들어 가기 위한 기반과 토대가 마련되도록 추진되어야 할 부분이다.

그리고 통일이란 단어를 잠시 접어두고 하나 된 한반도란 단어를 차용해서 쓴다면 하는 생각을 하게 되었다. 왜냐하면, 북한 당국자들은 통일이라는 단어만 생각해도 흡수 통일이라는 단어가 뇌의 모퉁이에 자리 잡고 있다는 생각에 거부감을 줄이자는 의미이고 배려하는 뜻이 담겨있다.

이 때문에 남북한이 공이 쓸 수 있는 소통과 교류를 통해 남북 관계가 개선되고 협력 사업을 통해 서로 배려된다면, 현격한 경제 격차를 극복하면서 한반도 평화와 번영에 기여할 것이다. 따라서 남북 관계를 다시 시작하는 마음으로 한반도 시간을 만들어 소통과 교류부터 시작해야 할 것이다. 이는 미국, 러시아, 중국, 일본 등 주변 국가와 협력의 징검다리가 놓을 수 있도록 디딤돌을 깔아 새로운 단계로 위기를 극복하면서 돌파구가 모색되어야 할 시점이다.

그리고 2000년 6월 15일 평양에서 김대중 대통령과 김정일 위원장이 분단 이후 55년 만에 정상회담을 통해 체육 교류, 문화 교류, 이산가족 상봉 교류가 이루어지고 금강산 관광 협력 사업 및 개성공단 사업을 추진할 수 있어서 한반도 평화에 크게 기여했다는 데 주목할 필요가 있다.

한편 동학 운동 지도자들이 보여준 소통과 교류 및 협력하면서 배려하는 흔적이 돋보였고, 3·1 만세운동과 독립선언서를 만들었던 과정에서 소통과 교류 및 협력으로 결과물을 만들어 냈던 것이며, 상해 임시 정부도 일본과 대응하면서 세계 여러 국가와 교류와 협력을 강화에 외교력을 집중하며, 독립운동을 다양하게 전개한 것으로 여겨졌다.

이러한 조상들의 독립운동 정신을 계승하고 하나 된 한반도를 만들기 위하여 더욱 발전시켜서 나가는 것이 핵심적인 요소가 됐다.

따라서 금강산 협력 사업이 이산가족 상봉과 함께 개성공단의 협력 사업으로 확대되면서 38선 부근에 평화 지대가 들어서면서 한반도가 전쟁의 위기설을 해소시킬 수 있었으며 안정되어갔던 부분이다.

하지만 정부가 바뀐 지 5개월 만에 이명박 정부는 금강산 관광 도중에 발생한 돌발 사건을 제대로 대응하지 못하고 폐쇄하였던 결정은 한반도 분단의 민족적 비극을 극복하려는 노력보다 우리 젊은이들이 많은 희생을 초래하였던 흔적에서 잘못된 판단의 과정이 분석되어 평가되어야 할 것이다.

그리고 이 경우와 비슷한 근대 조선 말기 역사를 돌이켜보면 시대적 흐름에 대처하지 못하고 외세의 힘을 빌려 농민을 제압하려는 봉건 왕조 정치가 선택하였던 외세와 지방의 관리마저 부패한 조선 정부 발등을 스스로 찍으면서 청·일 전쟁을 승리로 이끌었던 일본으로 힘의 균형이 기울게 됐다. 전주화의 후에 경복궁이 일본에 점령당하자, 이에 격분하였던 농민 운동은 일본 군을 몰아내려는 농민군의 뜻을 헤아리지 못하였을 뿐 아니라,

조선 정부의 부도덕한 민씨 세력과 지배 계층에 의해서 스스로 자멸해 갔다고 치부해도 충분할 것이다.

이 때문에 2차 농민 운동은 근대적 병기로 무장한 일본 군대와 조선 정부군 양반 지배층과 연합한 일본군에 대패하여 진압되었다. 이에 더욱 광분한 일본은 1895년 8월 20일 명성 황후를 시해하였으며, 조선 정부는 역사의 강물처럼 흐르면서 잿빛 노을을 향해 서서히 기울고 있었다.

그 후 조선 정부의 외교 노력은 치열했지만, 열강들의 외면 속에서 러시아에 기대했던 조선 정부는 러·일 전쟁마저 승리하면서 대한제국의 주권이 상실됐다.

따라서 숭고한 독립운동 정신을 통일 운동으로 계승하고 발전시켜서 남북 관계가 소통과 교류가 재개되고 협력 사업을 확대하여 추진된다면 한반도 젊은이들의 무고한 희생을 더 이상 외면하고 방관되지 않을 것이며, 미래 한반도가 서로 상생하며 조화롭게 협력하고 번영을 기대해도 좋을 것이다.

감성을 담아 전하고 싶다

인 연

아픈 기억을 날려
자신을 녹여서라도
속삭이고 싶은 그 사람.

조금씩 조금씩 다가올수록
세월이 여간 아깝지 않고
가까워지다 맺어진 인연이다.

바보 같은 세월
그리움 사무쳐서
느슨해 버렸던 시간,

애만 태우다 떠나간 사랑
아득하게 그리움 지나가
사랑을 채워 인연 보낸다.

소중한 희망

당신들은 잊지 않고
언제든지
원하는 세상을 맞는다.

변화가 두려운 사람들은
용기가 없어서
허리의 슬픔을 잊는다.

아직도 남아있는 꿈
소중한 희망
영혼마저 선택하였다.

소중한 희망과 푸른 꿈
그놈의 열정을 담아
사랑을 찾아야겠다.

우리 엄니

어린 삼 남매

청상과부가 되어

노심초사 쏟은 정성

자식 위해 무엇을 가려

엄니 인생 날품팔이 고달펐소.

쉬는 날 없는

열두 달이 엄니 인생

가을걷이 끝이 나면

늦가을 달빛 속에 이엉 엮어

밤새며 흥얼대며 막걸리 한 잔.

어젯밤 힘들었던

내색 없이 털어내듯

오늘도 억척스레 힘을 내어

자식들 내보내고 고달픈 눈물

우리 엄니 너무너무 고생 많았소.

새벽을 여는 사람들

여기저기 와글와글
새벽을 여는 사람들은
부지런하고 인간적으로
사람 냄새가 물씬 낸다.

오직 새벽부터
문을 열어 투지 하나로
평등한 삶에는 웃는 얼굴로
사람을 대하며
사람과 사람을 잇는다.

한겨울에는
동절기 어깨가 웅크리어
옷깃을 여미어가며
겨울바람에도
새벽을 여는 사람들은
사람 냄새를 물씬 낸다.

벗어나고 싶다

언제든지 도시를 떠나
배를 타고
섬으로 가는 항구를
찾아서 떠나고 싶다.

언제부터인가
섬들을 그리며
울릉도 강화도 연평도
그 섬은 아녀도
가라앉는다.

요즘은 많은 생각으로
섬들을 머릿속에 그리며
서울이라는 도시에서
멀리멀리
벗어나고 싶다.

요즈음 같이

코로나가 횡행할 때

서울을 빨리

벗어나고 싶다.

팥죽 한 그릇

가마솥에서 펄펄
뜨거운 팥죽 한 그릇
새알심 깃든 어머니 향수

훌훌 불어서
한 숟가락 입에 넣고
나이만큼 새알을 먹는,

팥죽 한 그릇
내 몸에 얽힌 잡귀
털어내듯 정성 들인 어머니 팥죽

너와 같이 선택한 길이라면

발길 닿는 대로

내가 가고 싶은 대로

지금까지 가보지 못한 길을,

새롭게 밟고

가슴으로 생각한 대로

그 누구도 가보지 못한 길을,

너와 같이 선택한 길이라면

새들처럼 구름처럼 훨훨 날아

아무도 가보지 않는 길을 걷고 싶다.

농부의 마음

동이 트기 전
하얀 눈이 내려앉듯
늦가을 앉은 서리밭,

초겨울 하얀
한 해 자식 얻듯이
가을 추수 막바지 된,

가을걷이 조급함은
겨울이 성큼 다가온 농부 마음
월동 준비에 온몸이 땀으로 배인다.

텃밭에서 자란 새끼들
예쁘게 꽃단장 보듬어주고
이놈 저놈 맛 내어 결혼시킨다.

희 망

깊은 밤하늘
호수에 반짝반짝
별들이 쏟아 내린다.

새벽 가까이
다가올수록 달빛에
비춰 호수에 쉬어간다.

여명이 밝아오면
희미한 별들 하나둘
호수를 탈출하여 사라진다.

아직은 내보이지 않고
내 님을 기다리다 발만 동동
밝은 웃음으로 희망을 맞는다.

품앗이

당신의 일손이 달릴 때
내 손이 당신의 손이 되고
내 몸이 작아져 부족할 때
당신이 내 곁에 와 일손 도우고
이웃사촌으로 일손이 되어준다.

농촌의 작은 일도
어촌의 작은 일도
일손이 부족하여 애타고
농촌 어촌에 바쁜 일손을
품앗이 사랑으로 힘을 보탠다.

노쇠해져 가는 농촌
부족해지는 새 일손
공동체 실험의 새로운 길
품앗이 일손을 일상화시켜
생활의 품앗이 삶의 질 높인다.

역사는 반드시

당신 가려는데

앞길 막지 말고

내 당신 하려는데

방해하지 말고

날아가는 당신

하늘 막지 마라.

하늘 땅 바다

모두 당신에게 주고 싶어

숭고한 선조들 역사 도적 말라.

너희들 당당하면

자신 없는 남의 문화

과욕하여 탐탐 드러내지 말고

역사는 반드시 새롭게 창조됐다.

마지막 어머니

쌀밥 한 그릇

막냇자식 먹이고 싶어

옆집에서 달려온 당신

옆집 분이 누님

가을걷이 홀테일

따스한 밥 한 그릇 먹이려

마지막 어머니 가마솥에

불을 피워 따스하게 데웠다.

기다리다 기다려

막내아들 밥 먹는

마지막 어머니 내 눈에 선하다.

나의 뇌 속에 남은 트라우마

죽어서 죽어도 지워지지 않은 것 같은

영원히 죽어도 마지막 어머니 모습

만 남

당신을

기다리는 시간

의미가 있다면

사랑하기 때문이며

꼭 당신을 만남으로

새로운 행복을 찾고 싶으다.

그러나 아직 때가

아니다는 어설픈 약속은

내가 인정할 수 없습니다.

조금 늦어져도

그리움이 엄습해도

만남을 약속해준다면

기다려 나갈 수 있습니다.

당신을 사랑한다고

약속을 지켜갑니다.

빨리빨리

이 세상에는

우리가 할 일들이

아주 다양하게 존재하며

빨리빨리 해야 하는 일

천천히 해야 하는 일도

안전을 생각하며 일해야 합니다.

중요한 것은

보다 안전하게 일을 하기 위한

준비가 필요한 것이며

안전이 확보되지 않는 상태에서

빨리빨리 일하는 것은

불행한 사고로 이어져

유명을 달리하여 가족이 슬퍼집니다.

이제는 일하는 사람이

안전하게 생각할 수 있는

삶의 행복한 부표를 향하여

실천하면서 일하는 것입니다.

사람을 사람들

발길을 잠시
힘들게 걸어왔던
둘러보고 생각해 보면
스쳐 지나가는 사람들
손을 내밀어 손을 잡고
속삭이며 걸어보고 싶다.

멈추어 돌아서
당신이 원하던 깊은
마음에서 우러나와
주위가 훤하여 빛나게
부러움이 가득히 묻어나
사람을 사람들 사랑하라.

소 통

유리창으로 비치는 햇살

방 안 가득히 열기가 넘쳐

가만히 커튼을 내려

태양과 거리를 두어

차단이 필요했다.

수년을 함께 일하면서

관심을 갖는 것도

서로의 성격을

파악할 수

없었던 것은

소통을 갖고 가야겠다.

당신의 성격

진실은 모르지만

소통한다는 것이

매우 중요하다.

창밖의 태양은

어느새 기울어

그늘의 시원한 바람이

방 안을 채워준다.

과거 뒷북

왜놈들의
치밀한 계획
당신이 어리석을 때
눌러앉아 내리쳤다.

독립의 밀정들
부역자 괴물되어
친일파 식민시대
권력과 배를 축대했다.

광복의 기쁨
깔끔히 잔밥처리
부역자들 엎질러져
사라진 뒤 과거 뒷북쳤다.

우안 의사

우안 의사 리권량
검은 그림자 너희를 향해
조용조용 소리 없이 다가와
네놈들 목숨 도둑질 당했다.

소리 높여 외쳐봐도
대륙의 인민들 영혼은 묻혀
영문도 모른 채 괴질에 감금 돼
쓰러져 가는데 언론이 연출한다.

귀중한 목숨을 내던지며
인민에 충정을 다하였던
리권량 우안을 떠나라 외치며
절규한 우안 의사 울림만 남았다.

스마트폰

언제부터인가
편지 쓰는 것을 잊어버리고
스마트폰으로 문자를 보내고
정보를 얻고 소통하고 있다.

보고 싶은 사람
스마트폰 화상통화
화면에 나타난 얼굴이다.

낯선 외국에 나가더라도
타 국가 현지에서
스마트폰 화상통화
가족 얼굴 화면으로 볼 수 있다.

미래에는 스마트폰 어떤 모습
진화될까 궁금해진다.

새로운 시작

위드 코로나 시대

일상이 시작되었지만

정상적으로 생활하기엔

아직도 준비는 되지 않아

우왕좌왕한다면 장기전이다.

저개발국가

그들을 방치하면

새로운 변이는 계속되고

선진 국가는 자물쇠 잠그어

인류는 비정상적 대혼란이다.

좋은 백신 만들어도

약소국가 저개발국가

외면하는 세계 백신 정책

글로벌 백신 제약 배불러도

변이된 바이러스 새로운 시작이다.

대자연의 숲 자연환경을
보존하는 의미에서

보아라 내장산아

녹음이 짙어가면 애기단풍 꿈을 키우고
붉을케 울창해진 가을단풍 정읍사 내장
가을에 단풍향기 취해보는 내장산 계곡
팔각정 굽이굽이 물길따라 울긋불긋한
황홀한 단풍터널 그림 같은 수채화 풍경

내장산 단풍야화 붉게타면 찾아온 당신
올래봉 케이블카 단풍세상 웃음 띈 힐링
빨갛은 단풍여인 흔들흔들 춤을 출 때는
내장산 단풍세상 출렁이는 행복한 물결
화려한 고운자태 님을 향해 너를 부른다.

보아라 내장산아 단풍세상 정말 좋았다.
정읍사 단풍팔경 자연이 준 최고의 단풍
보아라 내장산아 단풍세상 내장산으로,

내장산 고은 빛깔 지워가는 겨울애 손님
준비한 겨울여행 보고싶어 내장산으로

내장산 저수지의 둘레길에 눈보라치면

살며시 붙어앉은 겨울처녀 내장산 눈꽃

내장산 겨울산행 위험천만 눈부신 햇살

탁 트인 내장산에 와 닿은 서래봉 설경

눈오는 내장산을 품에안고 쌓이는 추억

밤 깊은 내장산에 눈보라가 휘몰아친다.

보아라 내장산아 봄이 오는 끝자락에서

정읍사 애기단풍 꿈을 위해 봄비내린다.

보아라 내장산아 겨울여행 내장산으로

＊ 보아라 내장산의 담겨있는 뜻

1~5구간: 인간의 성장 과정을 의미하며.
6~10구간: 일상 생활 속에서 찾아야 할 행복을 내장산 단풍속에서
　　　　　힐링하는 뜻.
11~13구간: 힐링에서 붉은 단풍 물결의 풍광을 표현.
14~17구간: 인간의 삶을 재정비하는 시간.
18~21구간: 과거에 걸어왔던 세월 돌아보고 충전.
22~24구간: 인간의 성장도 내장산 아기단풍처럼 봄, 여름, 가을,
　　　　　겨울을 통해 자연의 윤회 속에 성장한다는 의미.

이 땅의 아들 딸들

젊어서 선택한 길 다양한 인생살이
농촌에 살아보고 어촌에 살아보렴
우리 내 젊은 청춘 이 땅에 빠져본다.
항구에 정박한 배 부푼 꿈 달콤한 휴식
항구를 떠난 배는 비바람에 풍랑을 딛고
돌아온 고기 배는 만선에 춤을 춘다.
농촌에 젊은 일꾼 특작물에 활력 찾아
새 바람 일으키는 스마트팜 젊은 일꾼
온라인 유통혁신 직거래로 쌓이는 신뢰
농어촌 젊은 일꾼 이 땅의 아들 딸들
젊어진 농촌 어촌 이 땅의 아들 딸들
대단한 아들 딸들 신나는 미래가 있다.

너희가 만든 청춘 한반도 이끌어갈
젊어서 당당하게 판단한 경험 쌓고
너희만 좋아하며 즐기면 할 수 있는
어떠한 난관에도 극복하며 살아다오
희망의 부푼 꿈을 제대로 찾아가면

젊어서 인생 경험 새로운 부푼 도전

이 땅의 아들 딸들 못할 것이 무엇이냐

두려움 없는 인생 신명나게 살아보렴

한반도 아들 딸들 너희가 개척하여

세계가 좁은 세상 너희가 달려가면

대단한 아들 딸들 너희가 만든 세상

이 땅의 아들 딸들 신나는 미래가 있다.

털어내 버려

더 이상 자신을 속이지 말고

너희가 즐겨왔던 습관을 털어내 버려

앞으로 자신을 속이지 말고

너희가 누려왔던 관행을 털어내 버려

너희가 주위를 돌아보지 않고

마음껏 즐겨왔던 관습과 관행의 잘못된 행복

어이해 뿌리 깊게 너희들만 쌓여갔던 머니,

너희가 원해서 누려왔던 대물림 습관

또 하나 관행을 잉태하고 물타기로 간직해가며

악순환 대물림 속에 타인들 절규하게 만든 슬픔,

변화가 아쉬워 훌훌 털어내지 못하고

변화를 따르지 못하였던 용기없는 습관

변화가 두려워 털어내지 못하였던 관행

변화를 위해서 다가오는 새로운 물결

과거의 습관과 관행을 바꾸어 맞이할 세상

너희가 이끌어 나가야 할 행복한 세상

당신의 습관과 관행을 바꾸어 맞이할 세상

너희가 이끌어 나가야 할 새로운 세상

우리가 이끌어 나아야 할 미래의 세상

한반도 아리랑

태초에 이어져 살아 있는 한반도 모습

이 땅의 생명들 당신 생각 흘러가는데

삼천리 강산에 울려 퍼진 아리랑소리

아리랑 아리랑 아리 아리 아리랑 고개

쓰리랑 쓰리랑 쓰리 쓰리 쓰리랑 고개

슬플 때 기쁠 때 기억해 준 아리랑 흔적

한반도 방방에 울려 퍼진 아리 아리랑

아리랑 아리랑 아리 아리 아리랑 넘어

쓰리랑 쓰리랑 쓰리 쓰리 쓰리랑 넘어

한반도를 떠나서 이억만리 희망을 찾아 헤매며

한 맺힌 애절함 간절했던 아리랑 소리

아리랑 아리랑 아리 아리 아리랑 고개

쓰리랑 쓰리랑 쓰리 쓰리 쓰리랑 고개

내 민족 내 겨레 타국살이 보내며 긴 한숨이었소

타국민과 융화해가며 고통 견뎌낸 아리 아리랑

아리랑 고맙소 아리 아리 아리랑 정말 고맙소

쓰리랑 고맙소 쓰리 쓰리 쓰리랑 정말 고맙소

한반도 아리랑 사랑으로 고개 넘어가면

한반도 꽃으로 피어나는 사랑을 채워 넘어가서

겨레가 숨쉬는 사랑으로 나누어 넘어가면

민족이 숨쉬는 사랑으로 나누어 넘어가면

아리랑 아리랑 아리 아리 아리랑 사랑 정말 고맙소

쓰리랑 쓰리랑 쓰리 쓰리 쓰리랑 사랑 정말 고맙소

한반도 아리랑 사랑으로 고개 넘어가면

반도를 넘어서 아리 아리 아리랑 세계를 넘어가소

아리랑 아리랑아리 아리 아리랑 희망을 품은 세계 아리랑

쓰리랑 쓰리랑 쓰리 쓰리 쓰리랑 희망을 품은 세계 아리랑

꿀 벌

어데를 가더라도
거친 말을 함부로 하고
생각을 거침없이 마음대로
표현할 수 있는 행복이라면,

표현의 자유를 넘어
극단적으로 선동된다면
생각과 보드라운 마음이
선하게 영향력을 미쳐갔다.

언제라도 너를 향해
혓바닥이 자유롭게 돌아서
상대를 비방하여 이익만 챙기고
시시콜콜 따져 맞는 세력이 나돈다

봄이 오기 전에
꽃밭을 만들어
꿀벌들이 꽃을 찾아
달콤한 여행을 떠난다.

대자연

태초에

자연의 신비로움

경이로움 탄식 속에

아름다운 자태를 드러낸다.

인간들이 발길 닿을 때마다

자연 오염 환경파괴 대기오염

자연은 심한 몸살을 앓게 된다.

수많은 인간들이 남긴

빛바랜 자연경관 어찌하랴

지구촌 기상 변화 속출하면

자연재난 수마인 듯 착각한다.

대자연은

자연과학 만들어내

인류 생명체 지구 정화

환경보호 경고하는 메시지다.

그 물

당신이 던져서

힘차게 뻗어나가면

다르게 펼쳐진 세상

잠수 속에 너희들을 만난다.

출렁이는 물결

고기배 불빛만 보이는

그 사이 힘차게 그물을 당기어

그 속에 쌓여진 보물이 쏟아진다.

태풍 일기 예보

먼 피안길을 찾아

닿을 듯 말 듯 보일 듯 말 듯

풍랑에 불빛이 넘어질 듯 춤을 춘다.

인간들은

그물도 없는 산업 현장에서

목구멍에 풀칠하기 바쁘게

내 몸을 그물도 없는 곳이 내던진다.

가을 단풍

10월 어느 날

설악 금강에서

알록달록 물감 풀어

이리 긋고 저리 긋는 당신은

산세를 휜히

찐한 붓놀림

빛깔을 넘어가는 시간

가을 단풍 세상으로 옮긴다.

고운 자태

울긋불긋 화려해

사랑 듬뿍 채워지며

흔들 덩실 바람에 흥을 낸다.

늦가을 붉은 단풍

사랑이 시들어

빛바래 서러워지고

옷을 벗어 나뒹굴고 속삭인다.

이 끼

지구촌에 분포된 이끼
백두에서 한라까지 촉촉히
너희들이 숨 쉬는 곳이라면
내 기꺼이 이끼를 내어주었다.

물속에서 너를 품고
산속에서 이끼를 술래 삼아
너의 몸에 아무렇게 쏘아대도
초록이끼 품고 싶고 사랑스럽다.

바람을 타고
생명체가 있는 곳에
보금자리 당신 찾듯이
물속 숲을 품어 이끼 사랑 들여왔다.

한 걸음 딛고 나면
눌려버려 쓰러진 채
앞으로 나아가면 다시 일어나
새로운 생명체 맞이해준 고마운 이끼

홍시감

떨떠름 땡감

주황으로 물들어

나뭇가지에 부딪히며

저녁노을 예쁘게 빛나듯

감나무에 매달려 보물 같다.

주렁주렁

보석처럼 빛나는

감나무에 올라 손대면

그 홍시 감촉에 사르르

홍시감 단맛은 잊을 수 없다.

늦가을 바람에

흔들리는 홍시감

귀중하게 남겨 놓았던

당신들 손님까치 밥인데

행여 홍시감 떨어질새 눈이 간다.

자연 순환

세월이 시려도

백두한라 빛나는 햇살

세월은 한걸음 발을 디뎌

흘러가는 변화가 두려워

자연을 망가뜨려 특례 받는다.

지구에 벌어진

그린벨트 훼손하며

너희가 만들어 낸 자연 기준

그린벨트 허물어져 특혜 중 특혜

자연은 그대로 엎어져서 죽어간다.

자연을 사랑해야

지구가 살고 살아서

인류가 숨 쉬고 살아가며

자연은 자연히 살아날 수 있는

자연 순환이 그대로 치유된다.

파 도

철얼썩 처얼썩

바닷가 주변 암벽

부딪쳐 밀려왔던 소리

온갖 바닷속에 숨었던

너희들을 더러워 밀어낸다.

바닷가 소리 없이

잔잔하다 깨어나

처얼썩 처얼썩 성난 파도

출렁대는 바다 물결 소리

바다 파도는 바다가 숨 쉬는 소리다.

내 몸 곁에 오는

오염되고 몸살 나면

힘을 내는 파도 소리

철얼썩 처얼썩 처얼썩

성난 파도는 바다를 진정시킨다.

희망의 싹

당신이 심어서 돋아나는
스스로 땅속에서 껍데기를 벗고
어둠을 헤집고 머리 밀어
메마른 땅은 머리가 띵하다.

잠시 쉬어
비가 내리고
땅이 촉촉히 적시어
씨앗 머리에 시원스럽게 닿으면
잔뿌리까지 힘을 내어 어둠을
헤치며 희망의 싹을 트였다.

희망의 싹은
젖은 땅을 벌리며 머리를 내밀고
태양을 맞으며 기지개를
켜면서 성장하는
지구를 지켜내는 생명이다.

섬마을 여행

섬을 여행한다는 것은
옛날 같다면 배를 통해서
들어가고 나오며
섬마을 여행을 해야 했다.

섬과 섬을 잇는
섬마을 여행은
교량을 통하여 걸어가며
자연 그대로 자연 풍광을
즐기며 최적의 상태로
행복한 여행이 됐다.

이 섬도 가고
저쪽에 있는 섬도
걸어가면서 주변 풍광을
관광할 수 있는 여유로운
섬마을 여행 조건을 안전하게
충분히 갖추어져 있다.

안양예술공원

날마다 안양천을 따라
달려가는 사람들은
안양대교 밑에서
잠시 쉬어 가는 것도
꿀맛 같은 중간 거점이다.

어느 날 쉬지 않고
논스톱으로 달려가는
최종 목적지
안양예술공원까지
숨 고르지 않는다.

안양예술공원은
충분한 먹거리 골목으로
자연 풍광 계곡
좋은 등산코스
그것을 즐기는 사람들이 찾는다.

내일은 이벤트

많은 예술공원을

향해서 달려가 본다.

바스랏 바스랏

제멋대로 바람에
빨리 날리고 늦게 날려도
인간들이 고목나무 가지 쳐내어
낙엽 딩굴어 힘을 내어 떠난다.

바람에 휠휠 날려
타 가족과 엉키고 섞이며
생생히 흘러가는 낙엽소리
바스락 바스락 딩굴며 힘을 낸다.

바스락 바스락 온몸을 비틀어
얽혀진 내 가족 영혼마저 흩어져
혼미해가면서 내 몸은 갈기갈기
고통을 감내하며 너희들을 키운다.

태풍의 눈

잔잔한 바다에 웅크리고 있는

점도 보이지 않는 바람 한 점 없이

고요한 쉼표 폭풍전야 숨이 막힌다.

검푸른 파도 속에 숨도 쉴 수 없는 긴박함

따스한 기온 태평양 바다에서 온기 담아

힘을 비축하며 출렁이는 물결에 태풍 눈이 번쩍,

동남아를 거치고 동북아로 눈을 확대시켜

바다가 열어준 그 길을 따라 세상을 삼킬 듯

태풍의 눈은 힘을 높여서 바다를 뒤엎는다.

바닷속 온갖 오염물질을 뒤집고 뒤섞어서

생태를 보존하는 물결의 궤도를 따라

태풍의 눈은 오염된 바다와 지구를 다스리는 원천이다.

내 나라 이 강산

동해의 붉은 태양 희망차게 솟아오르듯
우리들이 품었던 사랑에 꽃 소중한 감정
당신들이 못 이루었던 사랑을 사랑을 하면
내 나라 이 강산 빛나고 희망의 싹이 뜬다.

동해의 거센 파도 밀려와도
굳건히 지켜냈던 선조의 지혜
숭고한 선열들은 기억해 왔다.

당신들이 소중한 사랑으로 다가서야 할
이 땅의 찬란한 한글과 문화 콘텐츠
너희들이 찾아서 새로운 여행의 길
인류와 부딪치며 또 하나 한류 문화
내 나라 이 강산 빛나는 한류 문화다.

묵호태

수많은 생무리들

새벽녘 어둠을 뚫고서

목욕 재개로 정신을 차린다.

동이 트기 전

덕장에 목을 메고

살얼음 몸으로 맞이한 아침,

한낮의 태양

태백에서 부는 바람

이웃과 토닥토닥 몸을 부빈다.

동해에서 부는 바람

목을 맨 얼음 녹아 사르르

묵호태 매서운 겨울 여행 떠난다.

김장 세계

배추와 무우
엄선한 선택
대지를 떠나서
목욕하며 숨을 죽인다.

바다 생명들
육지 새끼들
육탄전을 준비하며
지구촌 축제를 만든다.

찹쌀 죽에
모든 인연은
퐁당퐁당 잘 섞어
인간 삶에 맛을 보탠다.

잠시 쉬었던

내 육신은 양탄자 위에

뒤범벅 속으로 꽃 단장하여

화려한 김장세계 미쳐간다.

당신이 그리워질 때
한 걸음 한 걸음 걷고 싶다
- 하나 된 한반도를 간절하게 염원하며

새천년의 꿈

너희들의 오랜 습관

우리들의 낡은 관행

서로를 위해 버려야 합니다.

당신의 어둠은 조금씩 조금씩

새로운 천 년의 문을 열고

희망찬 광채를 발산합니다.

새로운 천 년의 꿈

너희들과 다 함께 지피는

작은 불꽃이 서로 하나 되어

훨훨 타올라

동방에서 불 밝혀

세계로 나가는 불 밝혀야 합니다.

황해도 개풍군

헤어진 지 77년
그리움에 지쳐 가고
검은 머리 백발이 되어
눈물마저 다 말라 버렸소.

이산가족 만났던 기쁨
희망의 끈을 놓지 않고
악물고 희망을 품었지만
병든 몸 정신마저 흐려졌다.

강화도 교동 앞에 있는
황해도 개풍군 내 고향
개풍군이 희미하게 보이는
아직도 끈을 잡고서 희망이 있다.

내 형제 생사마저
확인할 수 있게 만들어
내 겨레 내 형제 보듬어서
사랑에 응원이 필요해서다.

못난 내 모습

어렵게 어렵게 금강산 관광길
힘들게 힘들게 만들어낸 개성공단
분단의 고통 사병의 비극 아픈 기억들
멀리 멀리 내던지고 기쁨을 맛보았다.

10년의 세월
한반도 동맥이 이어졌고
금강산 관광, 이산가족 상봉, 개성산업단지
신나고 바쁘게 세월은 구름처럼 흘러갔다.

조금은 더디고 힘들어도
혈육의 끈을 잡으려 포기하지 않고
소중한 것들 버리고 나서 돌아보니
어렵고 힘들게 왔는데 다시 뒤돌아갔다.

내 혈맥은 솟구쳐
내 몸 잘려가는 못난 내 모습
삼천리 강산에 사랑을 느끼지 못하는
동맥을 이으려고 소 떼를 다시 몰아야겠다.

금강산

밤 깊은 동해항

금강호 출항하여

반백년을 돌아온 장전항

금강산이 내 민족을 반겼다.

구룡 폭포에 쏟아진

옥구슬들 탱글탱글

기암벽에 부딪쳐서

영롱한 무지개 꽃 피운다.

만물상에 올라

세상만사 둘러보니

명산의 오묘함 앞에

금강의 경이로움에 감탄했다.

비로봉 코스

언제나 열리려나

일출봉 월출봉 영랑봉

비로봉은 금강산 최고봉이다.

한반도 길목에 서있다

평양 가는 길 서울 가는 길
개성 가는 길 금강산 가는 길
당신들이 왔다 갔다 정이든 길
사랑을 찾아서 생각에 잠겼다.

당신들이 꿈을 꾸었던
당신들이 상상하였던
소 떼를 몰아서 희망을 찾았던
한반도 새로운 길 찾아 나섰다.

당신들의 꿈
간절히 기도하여 만들어냈던
당신을 향하여 전하였던 꿈
당신들의 의식이 변하지 않는 한
한반도는 길목에 서있다.

찬란한 태양이
균형 있게 비춰주듯이
선조들의 지혜를 받아
당신들이 힘들게 울지 않도록
새 길을 찾아 품어 나서라.

구룡 기암벽

해가 지고 어둠 속에
하나둘 피어나는 꽃은
북쪽 하늘에 자리 잡고
활짝 웃는 큰 곰 자리 별
천지에 나타난 신비한 쌍두칠성,

남쪽 하늘을 서성이며
반짝반짝 아름다운 꽃
별무리들 유난히 빛나
성판악 기슭 터벅터벅
싱그럽게 나타난 북두칠성

구룡 기암벽
에메랄드 옥구슬들
오색무지개 방긋 피어나
금강의 경이로움 바람에 날려온
아름다운 강산을 선물하고 싶구나

당신은 하나

먼 옛날
당신은 하나였다.

당신들이 어리석을 때
타인들이 농락하고 짓밟고는

보이지 않는 힘으로
하나였던 당신을 팽개쳐
다시 두 동강으로 갈랐습니다.

다시 한 몸 되려다
당신의 흘린 눈물이
두 갈래로 흘려내려
분단의 숲이 짙어지고 있습니다.

봄을 향해 달려간다

긴 겨울
너와 내가 손을
조심조심 얼음판 위
발을 디뎌 밟아간다.

한동안 지나
얇은 얼음판
찍 삐그덕 찍 삐그덕
얼음판이 갈라지는 소리

행여 두려움에
가슴 조이며 살살
대지에 다다라 오르면
어느덧 귓가에 사라진다.

안도의 숨소리 휴~휴~
서로를 쳐다보며
한 걸음 두 걸음 힘차게
봄을 향해 달려간다.

한반도 기계 소리

깊은 야밤
날 강도들이
분해하고 내팽개쳐
멈추어선 한반도 기계,

2000년 6월
백두기어 한라기어
두 기어가 맞닿으니
한반도 기계 소리 그립구나.

삼팔선 벽을
넘나드는 도둑들아
노쇠해진 기어 녹을 털어내
한반도 기계소리 드러낸다.

그 주인들아
열과 성의를 다해
닦고 조이고 기름 치면
한반도 기계 소리 굉음 내 돌아간다.

DMZ

인간의 발길을 거부한
한반도 38선 허리 DMZ
모진 태풍과 폭풍이 몰아쳐도
온갖 생명체가 활기차게 뛰어다닌다.

봄이 오는 소리
도랑에 흐르는 물 졸졸졸
늘어진 버드나무 추렁추렁 새싹
DMZ 생명 활동이 넘쳐 흐른다.

DMZ 숨 쉬는 공간
인간들의 분쟁은 용서할 수 없지만
자연의 생명체 희망이 넘쳐나는 곳
그곳에 넉넉한 생명들이 숨 쉬고 있다.

봄이 오면

삼지연 기슭
혈통을 따르는 백마

봄을 기다려
백마가 달려간다.

삼지연 소로길
말발굽 투박한 소리

백두행군
말굽 아래 쓰러진 새싹

새로운 희망
봄이 오면 새싹은 벌떡 깨어난다.

바 람

한반도에 부는 바람

이리저리 불고 원했던 바람

희망의 끈을 잡고 세월은 흘러

내 형제들 하나둘 여행을 떠난다.

당신이 가기 전에

원하고 만들어야 할

하늘을 훨훨 날아서

가슴에 남아있는 응어리를

이리저리 부는 바람에 날리고 싶다.

당신이 진정

한반도를 위한다면

가슴에서 우러나온 마음으로

100년 향하여 노쇠해져 가는

가족을 얼래고 보듬어야 할깨다.

소중한 사랑

어느 따스한 봄날
한반도 허리 38선
남북 정상 부부처럼
소중한 사랑 속삭이며
지나간 세월 떨쳐내 버렸다.

지나간 나쁜 기억
과거보다 미래를 향해
도보 다리 걸으며 나누는
풀 내음 향기 물씬 나는
한반도를 훔쳐보는 이가 있다.

새들 지저귀며
남남북녀 속삭여
바람은 갈대 춤추어
봄 향기 찐하게 내뿜고
소중한 사랑을 축복했다.

남북의 약속

판문점에서 만나고
몇 개월 만에 다시
평양에서 만나는 기쁨

체육관에서
평양 시민들을 향해
한반도 비핵화 주제들
평화를 이야기했다.

어느 날 약속했던
우리 땅 삼지연 거쳐
백두산 올라 천지에 물
합하여 한라백두 만났다.

삼지연 공항에서
직통으로 서울공항
백두산 천지관광
김포에서 삼지연이 좋다.

백두와 한라

너도 가고 나도 가고 삼지연을 지나

백두산 정상 올라 맑은 천지

비쳐내고 있는 뾰족뾰족한

경이로움 가득한 아름다운 백두산,

밖으로 눈을 돌리면

선조들이 누비던 드넓은 광야

백두산에서 맞이하는 해돋이는 눈부시게

떠오르는 태양의 장관이 아니겠냐.

백두산에 올라 내 눈에

품고 넣어보니 선조들이 지켜냈던

위대한 문화유산 떼국들의 도적 공정

어떻게 지켜낼꼬 마음이 무겁게 엄습한다.

너도 가고 나도 가고 성판악

터덕터덕 어둠을 헤치며

맑은 공기 마셔가며 새벽 산행

싱그러운 힐링시간 한라산이요

한라산에 올라 태평양을 바라보고

생각해보니 세계 속에 소통하는

우리 민족 밝고 밝아 위로가 되고

미래를 향하여 희망을 가져본다.

한라산 정상에서 안개가 걷히고

맞이하는 뜻밖의 행운을 주는 해돋이

태평양을 향하는 위대한 꿈을

훔쳐내는 열정의 마음 장관이 아니겠냐.

날아라 저 멀리

동해의 찬란한 태양이 솟아오르면
너의 꿈, 나의 꿈 사랑의 꿈이 되었다.
세계를 향하여 신나게 떠나가면은.

우리가 나서야 하는 길 분명해졌다.
세계가 부르고 우리가 선택하는 길
한반도 열차로 대륙을 달려가 보자

꿈 같은 상상을 현실로 만들어 가며
저 넓은 시베리아 달리고 달려가 보자.
너의 꿈 나의 꿈 가득히 담고 담아서

힘차게 날아라 저 멀리 신나게 날아라
힘차게 날아라 저 멀리 신나게 날아라
라라라 라라라 라라라 라라라 라라라
라라라 라라라 라라라 라라라 라라라
신나게 날아라 저 멀리 힘차게 날아라
신나게 날아라 저 멀리 힘차게 날아라.

선 택

8천만이 바라는

삼천리 금수강산

평화를 사랑하면서

선택하여 하나로 가면

금시 내 형제들을 만날 수 있다.

만일 그렇지 못하면

연세 드신 실향민들

고향 생각만 그리다가

가슴에 쌓인 한을

내려놓지 못하고

응어리를 안고서

여행을 떠날 것이다.

더 이상 지체 말고

민족과 겨레를 위하여

너와 내가 선택한다면

통일은 아니더라도

협력하면서 나아가는 길이

잘사는 민족이 되는 것이다.

삼지연 호수

삼지연 호수
잔잔한 물결 맞아 똑똑똑
백두산 겨울을 거두어 너를 보낸다.

봄을 기다려 거칠어진 숲
가파른 비탈길 거슬러 한 방울 한 방울
내 숨결을 모아 도랑이 되어 졸졸졸,

넓은 세상을 품으려 이리저리
벽에 부딪혀 이끼에 붙어 있는 너를 소멸하며
도랑을 찾아내서 힘을 내어 달려본다.

아직도 힘을 내어 달려가기엔
봄을 시샘하는 겨울에 다시 꽁꽁꽁
나를 흔들어 옭매어 붙잡는다.

내 몸이 얼었다 녹았다
세월의 봄은 도랑을 넘어 냇가를 만나
삼지연 연꽃호수에 사랑을 맡겨둔다.

자화상

내가 가고 싶어도 갈 수 없고
만나고 싶어도 만날 수 없는
지구상에 남아있는 분단의 벽

거울을 보면
나타난 당신의 모습
덩그러니 남아있는
유일하게 남아있는 38선의 벽
자화상이 되었다.

내가 가고 싶은 데는
하고 싶은 데는 정말 많은데
희망의 목숨을 부지하며
연명했다 사라져 간 형제들
영령들 달래야만
한 맺힌 사랑을 할 수 있다.

사랑할 때까지 가야 하는 그날들

우리가 가야 하는 새로운 그 길
그 길을 찾아 주위를 둘러보았다.

안개 속에 가려졌나 보이지 않는 길
구름 속에 가져졌나 보이지 않는 길
칠흑 같은 어둠 속에 솟아나는 희망,

지평선 넘어 어둠을 헤치면서 솟구치는
붉은 태양 공정한 세상의 빛을 주어도
가시밭길 선택한 어둠의 그 길을
사랑할 때까지 가야 하는 그 날들,

긴 호흡 숨을 몰아쉬며
때로는 숨이 가파올 때 숨을 고르고
뛰다가 숨이 턱 밑에 헉헉 차오르면
잠시 쉬었다 거친 숨을 몰아쉬고 나면
사랑할 때까지만 새로운 길을 나서련다.

당신의 희망

당신의 침묵
서로의 갈등을 초래했던
새로운 교류와 협력 속에
당신의 결정이 가슴이 뜨겁다.

지나온 천 년
새로운 천 년을 열어가는
당신의 희망은 넘쳐나서
뜨거운 태양처럼 이글거리다.

무엇을 말하려는
가쁜 숨을 몰아쉬며
침묵하는 당신은
당신의 품에 꼭 안기고 싶어서다.

후기

　한반도 꿈을 한반도 열차에 싣고 시베리아 대륙을 횡단하는 국가적 프로젝트를 구현하는 것이야말로 미래 세대에게 남겨줄 가치로서 충분하게 담보되어야 할 요소이다. 또 유럽과 러시아 및 한반도 철도가 연결되어 가는 모습에서 인류가 발전하고 물류 운송과 관광이 새로운 형태의 운송체계가 가능해져 세계 평화가 조금 더 가까이 다가서게 될 것이란 추정도 가능하게 될 것이다.

　과거 역사에서 광개토대왕은 대륙을 누비며 거대한 영토를 확장시켰으며, 칭기스 칸은 기마부대의 빠른 기동 특성을 활용하여 아시아를 달리고 대륙을 넘어 유럽까지 영토를 확장시켜 갔으므로 인류사에 남은 대제국을 건설하였던 배경이 되었다. 따라서 한반도 열차가 시베리아 대륙을 달려 유럽으로 나아가려는 이유로 철의 실크로드 길을 통해 해상의 물류 운송보다 빠른 운송체계를 갖추고, 한반도와 중앙아시아 및 유럽 경제를 지속적으로 운송하여 경제 영토를 확장 시킬 수 있다는 자신감과 확신을 갖고 추진되어야 한다고 생각한다.

　또한, 항만의 중요 시설과 철도운송이 국영기업에서 운영되고 있다는 측면에서 정부 역할이 상호작용되고, 국민 생활의 편의와 국가에 보탬이 되도록 정부가 노력해야 한다. 그리고 보다 신속하게 추진할 수 있는 동력을 확보하는 차원에서 올바른 선택을 꾀하고, 오랫동안 한반도 섬에서 갇혔던 부분에서 뗏목으로 탈출할 수 있다는 신념이 필요하게 되었다.

이러한 미래 한반도 열차가 꿈과 희망을 갖고 날아갈 수 있는 환경을 갖추어 가기 위한 노력이 필수적으로 요구된다.

한편 남북관계에서 북한 당국의 의식구조가 변화되지 못한다면 한반도 비핵화는 현실적으로 불가능할 뿐 아니라 핵 개발을 완성해 놓고 폐기한 선례가 없다는 공통된 국가의 특징을 갖고 있다는 데 주목해야 한다. 또, 한반도 가족으로 북한 제재가 풀려가지 않는 상태로 남북 대립과 분단의 고착화 속에서 북한 권력 구조상 충성 경쟁은 불을 보듯 뻔하게 나타날 것이다. 이 때문에 남북관계에서 한반도 젊은이들의 희생을 막을 수 있는 피상적인 인식을 항구적인 수준으로 대응하여 민족의 위기극복을 일깨워 주는 것이 과제가 됐다.

그러므로 한반도 열차가 북한 땅을 거치지 않고 부산역을 출발하여 핫산 항구와 역으로 연결되는 선택 대안은 시베리아 대륙횡단을 통해서 미래 한반도를 위한 그 가치에 대한 노력이 필수적이다. 그리고 남북관계에서 바람직한 평화가 모색되어 공동 발전을 이끌어 나가야 할 기본적 방법의 한 축이 되도록 노력하는 것이 포함되어야 할 것이다.

따라서 조선 선박의 최고 기술과 철도의 융합은 새로운 응용 기술을 만들어 중앙아시아와 러시아 및 유럽을 릴레이 할 수 있는 능력이 된다. 또, 한반도 열차가 지나는 주변국과 함께 합승하여 동행하고 협력하면서 새로운 기회를 만들어 갈 수 있는 창조력이 생산될 것이다.

이러한 주변 환경의 변화를 갖추어 지속된다면 인류 발전에 기여할 뿐 아니라 남북관계에서 공동 번영의 의식구조가 싹트게 만드는 요인이 된다. 또한, 한반도 열차가 대륙횡단을 통해 새로운 희망을 찾아가는 철의 실크로드로써 중요한 요소가 될 것이다.